LOUCURA E RESPONSABILIDADE

consentimento às ficções jurídicas

Fernando Casula

LOUCURA E RESPONSABILIDADE

consentimento às ficções jurídicas

Artesã

Loucura e responsabilidade: consentimento às ficções jurídicas
1ª edição

COORDENAÇÃO EDITORIAL
Karol Oliveira

DIREÇÃO DE ARTE
Tiago Rabello

REVISÃO
Vânia Baeta e Maraíza Labanca

CAPA
Karol Oliveira

PROJETO GRÁFICO
Conrado Esteves

DIAGRAMAÇÃO
Virgínia Loureiro

C355 Casula, Fernando.
Loucura e responsabilidade : consentimento às ficções jurídicas / Fernando Casula . – Belo Horizonte : Ed. Artesã, 2017.
194 p. ; 16x23 cm.
ISBN: 978-85-88009-76-9

1. Psicanálise. 2. Psiquiatria forense. 3. Saúde mental. 4. Direito penal. 5. Criminologia. 6. Psicologia forense. I. Título.

CDU 159.964:343.95

Catalogação: Aline M. Sima CRB-6/2645

IMPRESSO NO BRASIL
Printed in Brazil

ARTESÃ EDITORA LTDA.
Site: www.artesaeditora.com.br
E-mail: contato@artesaeditora.com.br
Belo Horizonte/MG

Agradecimentos

Agradeço, primeiramente, a cada um dos pacientes, com quem, durante os anos de exercício de atividades psiquiátrica e psicanalítica, tive oportunidade de aprender. Este livro é um registro do aprendizado extraído a partir do real da clínica.

Aos Hospitais da FHEMIG: Instituto Raul Soares e Hospital Galba Veloso, instituições em que me formei em psiquiatria e exerci atividade clínica. Especialmente aos companheiros Wellerson Alkimim, Juliana Motta, Maria Aparecida Souza e Vanessa Figueiredo, com os quais dividi, por um bom tempo, o cotidiano da clínica.

Aos colegas do Núcleo de Pesquisa em Psicose do Instituto de Psicanálise e Saúde Mental – Escola Brasileira de Psicanálise – seção MG, especialmente, a Henri Kaufmanner, pelas discussões teórico-clínicas.

Aos colegas do PAI-PJ do Tribunal de Justiça de Minas Gerais, especialmente a Fernanda Otoni de Barros-Brisset, pela parceria e pela interlocução do Direito com a clínica.

A Elisa Alvarenga e Marcus A. Vieira, por terem acolhido prontamente o convite de escreverem a Apresentação e o Prefácio.

A Vania Baeta e Maraíza Labanca, para além da revisão e correção do texto, na arte de fulgorizar letras.

A Antônio Teixeira, pelo rigor e pelo cuidado com que orientou, há alguns anos, minha dissertação de mestrado.

A Célio Garcia, pelo acolhimento generoso e pela solicitude com que franqueou, de seu acervo pessoal, meu acesso a referências importantes.

A Ana Senra e Maria José Gontijo, pelas conversas sobre o projeto, ainda em seus primeiros passos. E a Sergio Ribeiro de Campos, pela interlocução e pelo reiterado incentivo à publicação.

A Editora Artesã, pela oportunidade de publicação.

Por fim,

A Ana Maria Portugal, pela sustentação de uma experiência de análise que permitiu o surgimento deste trabalho, uma resposta. E a Romildo do Rego Barros, que, em *un'altra volta* de análise, possibilitou-me assumir em ato a autoria desta publicação.

Dedicatória

Ao meu avô Geraldo (*in memoriam*), hábil transmissor, precursor de meu amor pelas letras.

A Maria Eugênia, por compartilhar a existência...
Aos meus filhos Sofia e Felipe.

Sumário

Ato, responsabilidade e ficção

Marcus André Vieira

Este livro trata da loucura. O termo aponta, aqui, para aqueles que, mesmo dentro da razão, rompem com suas normas básicas, tomados, de alguma forma, pela experiência delirante. Como alguém pode ser tão lúcido e pensar de modo tão anormal? Como é possível ser tão seguro e tão "fora da curva"? São perguntas habitualmente feitas por quem se encontra pela primeira vez com esses sujeitos.

A psiquiatria de hoje tende a associar as vivências delirantes ao diagnóstico de *esquizofrenia*. Fernando Casula, orientado pelo ensino de J. Lacan, prefere abordar a experiência da desrazão a partir do termo *psicose*. Recupera, assim, um mundo de indicações e sutilezas de uma clínica psiquiátrica cujo apogeu ocorreu um minuto antes da revolução que a descoberta de substâncias de ação efetiva nos sintomas psicóticos trouxe ao campo da clínica. Essa revolução trouxe ganhos indiscutíveis e fundamentais mas também o efeito colateral de uma tendência a reduzir a importância de detalhes e de sutilezas da vivência dos pacientes, pois o "aqui" e o "agora" da relação interpessoal deixou de ser tudo o de que dispõe o clínico – exatamente o que ainda hoje interessa de maneira privilegiada ao psicanalista.

Lacan, herdeiro dessa clínica de um olhar do detalhe, se serviu do conceito de psicose para, nos anos cinquenta, delimitar uma estruturação muito radical de si que, diferentemente da maioria, não passaria pela crença compartilhada de que o mundo tem sentido. Em lugar da fé em uma ordem natural ou divina, dispondo e orientando nossos destinos, haveria uma incapacidade de se aliar a esse caminho geral, dita por Freud *Unglauben*, uma recusa da crença e a construção, a duras penas, de percursos próprios, alternativos, por vezes bastante eficazes, pautados por outro tipo de convicção, quase inabalável, já que feita de elementos particulares e não universais.

O que fazer quando não há a fé na ordem do mundo? Um trabalho duro, artesanal, para instaurar um ponto zero de certeza. Às vezes, será um postulado, uma vivência delirante primária; às vezes, apenas a certeza de um amigo ou ainda uma frase repetida em ritornelo à exaustão. Fernando Casula nos fará conhecer o duro trabalho desses pacientes para se estruturarem e encontrarem um lugar no mundo, assim como o trabalho daqueles que, pautados pelos conceitos de Lacan, buscam contribuir para a lida subjetiva do psicótico, fazendo-a chegar a um bom termo.

Este livro não trata, porém, da psicose em geral, mas se dedica aos casos em que essa ordenação subjetiva psicótica colide com a do ordenamento jurídico vigente. Trata-se daqueles – uma minoria, diga-se de passagem – que seguem suas ideias a ponto de ignorar ou infringir as normas mais básicas da cidade, do amor ao corpo próprio e à família, por exemplo. São pacientes tomados pela experiência delirante a ponto de cometerem atos infracionais, muitas vezes trágicos.

O trabalho do psicótico pode levar a desatinos com consequências graves e violentas. Em vez de fascinar-se por essa violência, Fernando nos mostra, contudo, o que ela ensina sobre nós. O universo tratado parece restrito, mas essa especificidade é enganosa. Encontramos, no que segue, um grande número de orientações e propostas concretas para intervenções clínicas junto a esses pacientes. Como, porém, elas são necessariamente voltadas para a articulação, às vezes possível, às vezes impossível, entre o idiossincrático de cada um e o coletivo da norma, este livro torna-se uma grande reflexão sobre a própria composição dessa norma em sua relação com as singularidades que a sustentam.

De fato, os atos infracionais dos que, em maior ou menor grau, deliram rompem tanto com as premissas compartilhadas do campo social que nos levam a indagações essenciais. Não à toa Lacan situou a loucura como "limite interno" da razão. Esses pacientes estão a tal ponto em uma relação de avesso com a norma jurídica que nos orienta que nos fazem descobrir o quanto há a aprender e a pensar sobre nossa tradição de organização social e de atribuição de responsabilidade.

A psicose mostra como nossa certeza de que alguém em algum lugar sabe das coisas, apesar de tão operativa, é feita de nada. De fato, Lacan chega a chamá-la de avenida principal, "a grande estrada", para destacar o quanto ela é inteiramente obra humana, mesmo quando segue os relevos do terreno ou as necessidades geográficas. O que faz com que façamos como manda a tradição? Nada, a não ser uma série de decisões quase automáticas tomadas por aqueles que vão usar uma via mais que outra, por mil e uma razões, até torná-la o leito ideal para o escoamento de toda uma população. O caráter aleatório e improvisado desse traçado só não nos aparece de imediato porque acreditamos que tudo o que acontece segue alguma lógica maior. Lacan destaca a importância dessa crença, ao situá-la como função paterna a partir de sua teoria do (sobre)Nome-do-pai, para sublinhar seu caráter de poder normativo, digamos, virtual.

Estamos, portanto, neste livro, sempre ao mesmo tempo em dois planos: o clínico, por um lado, e o sóciopolítico, por outro. Fernando não recua do desafio. Apoiado em Freud, Foucault e Lacan, procede a uma rigorosa investigação sobre o modo como tratamos a loucura em nossa cidade a partir do destino dado a esses atos e a nosso julgamento sobre eles, retomando o modo como o louco institui a norma racional ao ser por ela excluído. Ao mesmo tempo, demonstra, especialmente com base em Freud em *Construções em análise*, como não há como estruturar-se, psicótico ou não, como não há como conquistar um "si mesmo" que se sustente sem um assentimento fundamental ao campo da cultura, ao Outro nos termos de Lacan. Não se trata de uma submissão à tradição – estamos situados em um plano de certa forma anterior aos valores vigentes –, mas sim ao fato bruto da linguagem, da incidência do simbólico sobre o corpo vivo do ser falante, tomando-o não necessariamente de forma estruturada.

Fernando chama esse tipo de premissa de *assentimento real*. Não é algo que se possa isolar da experiência por ser prévio a ela, mas que deve ser levado em conta para que se possa considerar de que modo haverá constituição e, eventualmente, reconfiguração de si para o psicótico. Levar em conta essa premissa nos conduz, por exemplo, a jamais considerar uma ruptura absoluta entre as construções do psicótico e as normas sociais. Mesmo quando opostas às ficções coletivas que nos orientam, não são a elas indiferentes.

É o que se destaca de maneira clara ao acompanharmos a demonstração, realizada por Fenando, do modo como a inimputabilidade pode ter um caráter iatrogênico. Ao retirar do ato infracional a consequência, a pena, o direito suspende desse ato sua responsabilidade, o que, muitas vezes, leva a uma dificuldade muito especial, por parte do sujeito infrator, a se situar, a se sustentar como sujeito no que vive e realiza. Acompanhamos, assim, uma demonstração precisa do que pode ser o efeito negativo da norma jurídica ao impedir o sujeito infrator de ficcionalizar uma nova maneira de ser.

A proposta clínica de Fernando Casula é clara. Tendo em vista a complexidade do trabalho subjetivo em jogo, podemos tentar participar do que, nele, é desconstrução que recrie um lugar, fora da impossibilidade de articulação com a cidade que levou à violência contra o Outro, através da produção de uma nova ficção que inclua seu sujeito, para o qual é fundamental que haja a possibilidade, para esse sujeito, de enunciar seu consentimento com o real do Outro.

Atravessa todo o livro o tema da ficção. O que é uma ficção com peso de real? Qual a diferença entre uma versão do real entre outras e aquela que terá valor de verdade ou efetividade concreta, *wirklichkeit*, constituindo um elemento de sustentação do coletivo da realidade compartilhada *Realität*? As construções psicóticas permitem a Fernando elaborar a hipótese de que, apesar de partirem sempre de elementos prévios, da cultura que nos constitui, apesar de serem sempre do Outro, é preciso nelas se incluir como sujeito, fazer valer o Um do gozo singular que nos habita.

O trabalho de Fernando se sustenta na ideia de que é possível contar sua história sem que ela seja uma ficção vazia. Não é à toa que nos conte a história de um personagem psicótico. Nela vivemos a certeza de que há real, não porque ela é "baseada em fatos reais", mas porque o essencial está ali e é partilhável.

Nesse ponto, as indicações deste livro ganham um valor a mais. Passamos ao plano "macro" quando descobrimos que nossas ficções necessitam de um valor de real, tanto quanto as dos psicóticos, o que ficava oculto pela fé na tradição. Ora, estamos em tempos de ocaso dessa fé como referência universal para o laço social. Por isso mesmo, vivemos dias de ficções sem lastro que se multiplicam, nascem e morrem a cada dia. Em lugar de grandes narrativas, uma chuva de microficções de superação e de autoajuda que dura quase apenas o tempo de sua enunciação e que deverá, portanto, ser repetida incessantemente.

A desrealização da verdade e o rebaixamento do valor de lastro social aos valores da tradição trazem urgência e gravidade, pois estamos, a cada dia, mais próximos de esvaziar um último valor, o da vida.

Destaca-se, nesse quadro, a noção de *responsabilidade*. É o termo que ressalta o trabalho de Fernando como correspondente subjetivo, concreto, do conceito abstrato de *assentimento real*. Uma ficção válida, no sentido de seu peso de real, deve incluir necessariamente o engajamento subjetivo que chamamos de *responsabilidade* e que é imprescindível à estruturação psicótica de si. É fundamental saber ouvir e reconhecer a enunciação paradoxal do real de um sujeito, sempre feita de ficção, coletiva, mas igualmente incorporando o singular de um impossível através da decisão de responsabilizar-se por aquilo que, em seu dito, resta exclusivamente no dizer.

Por isso, enfim, neste livro descobrimos as grandezas, as misérias e a extrema responsabilidade de lidar com os atos de quem teve que engendrar-se a si mesmo sem recurso da realidade compartilhada ajudando-nos a ver como é vital o trabalho ao mesmo tempo singular e coletivo de dar lastro ao real de nossos dias.

Apresentação

Apresentar o trabalho de Fernando Casula, colega com quem compartilho a interface entre psiquiatria e psicanálise e o gosto pelo tratamento, sob transferência, de casos muitas vezes inusitados e complexos, leva-me de volta aos anos 90. A população de alguns hospitais psiquiátricos de Minas Gerais comportava, então, um alto contingente de pacientes que, tendo assassinado um membro de suas famílias, permaneciam internados por longos períodos, anos, a partir de uma medida de segurança proferida diante do diagnóstico de psicose, da declaração judicial de inimputabilidade e da presunção de periculosidade. Foi a época em que começamos a nos reunir para buscar, em Jacques Lacan – e notadamente em seu texto "Introdução teórica às funções da psicanálise em criminologia" –, uma bússola para a direção do tratamento desses sujeitos, sem lugar no Outro social após sua passagem ao ato. Foi também nessa época que surgiu, a partir dessa orientação, o Programa de Atendimento Interdisciplinar ao Paciente Judiciário, criado por Fernanda Otoni, cujos frutos se consolidaram ao longo dos anos, numa perspectiva antissegregacionista.

O trabalho de Fernando Casula tem o mérito de – partindo de um relato ficcional – nos permitir aproximar o real encarnado em um número importante de pacientes homicidas, objeto de nossos cuidados e estudos, e propor, a partir da singularidade de cada caso, uma abordagem possível. Com agradável clareza e com a originalidade que lhe é própria, Fernando nos transmite alguns conceitos nem sempre fáceis de apreender, elucidando o percurso de autores fundamentais, tal como Michel Foucault, no complexo diálogo entre a psicanálise e o direito. O leitor poderá, assim, entender como, a partir da presunção de inimputabilidade dos doentes mentais, a figura do louco criminoso tornou-se perigosa e irresponsável por seus atos.

A noção de periculosidade, solidária da sociedade disciplinar e de segurança, com seu panóptico generalizado, evolui em direção à patologização do crime e ao impasse gerado pelos crimes imotivados. A teoria da degenerescência amplia o *continuum* entre a psiquiatria e a criminologia, levando ao desenvolvimento do sintagma "responsabilidade sem culpa".

Navegando entre o universal e o singular, entre a lei e a norma, tributária do declínio da função paterna e de uma nova ordem simbólica, instituída a partir das bodas da ciência moderna com a sociedade capitalista, vemos diferenciar-se, aos poucos, no seio dos saberes disciplinares elencados por Foucault, uma nova disciplina, capaz de dar voz a esses sujeitos silenciados pela própria sentença de inimputabilidade.

A partir da psiquiatria de exclusão do século XVIII, passando pela de reclusão e de normalização do século XIX, seguiremos os passos de Michel Foucault, elucidados por Fernando Casula ao longo não apenas da história da loucura mas da aproximação da verdade pelas formas jurídicas, para ver emergir a psicanálise como, nas palavras de Eric Laurent, "avesso da biopolítica". A psicanálise permite-nos diferenciar a lei simbólica da lei jurídica e extrair, do declínio do Nome-do-Pai, a importância acordada à norma, cada vez mais definida a partir da estatística. Ela leva-nos, então, a diferenciar, com Georges Canguilhem, a pretensa normalização disciplinar da normatividade enquanto saber sobre o próprio gozo construído por cada um.

Como nos ensina Louis Althusser no seu contundente *O futuro dura muito tempo*, mais vale uma pena bem cumprida do que anos a fio de confinamento hospitalar sob o jugo do supereu. Se o personagem ficcional, como tantos outros que ele representa, pode dizer "Não fui eu", mas o mal, o demônio, um ladrão, uma macumba ou, ainda, as "aminas cerebrais"; ou seja, se, para esse personagem, o responsável é o Outro, a psicanálise ajuda-nos a esvaziar o Outro caprichoso e a presentificar um Outro que respeita a lei. Intervir no Outro, como nos ensinam as práticas entre vários das instituições de orientação lacaniana, pode ser uma maneira de tratar esses pacientes, como nos demonstra o relato de Fernando. No universo particular do louco criminoso, veremos, então, como será útil o recurso ao juiz e às ficções jurídicas, surgidas, de maneira inesperada e contingente, no próprio discurso desses pacientes.

Não se trata simplesmente de aquiescer com o gesto da psiquiatria francesa, que, ligada aos saberes disciplinares, passará a enviar seus doentes mentais às prisões. Como nos mostra Fernando, trata-se de acompanhar a psicanálise na abordagem da singularidade inclassificável, em uma responsabilização ética, em que o assentimento subjetivo é corolário da incorporação do inconsciente. Dessa forma, a autopunição, postulada por Lacan na paranoia de sua paciente Aimée, corresponderia ao retorno no real daquilo que não foi simbolizado.

O gozo localizado no lugar do Outro, corolário do *Unglauben* freudiano, faz do sujeito psicótico, paradoxalmente, um homem livre e submetido a uma exigência de sacrifício, o que é testemunhado pela figura de ficção documental apresentada pelo autor. Apoiando-se sobre o curso "Causa e Consentimento", de Jacques-Alain Miller, Fernando distingue, de maneira operativa e clínica, o assentimento subjetivo a um S_1 inscrito e passível de ser reconhecido do consentimento, possível de obter, na psicose, por meio de uma ficção protética de responsabilidade. Não se trata, no entanto, de um retorno ao pai, mas de um tratamento do gozo que passa pelas ficções jurídicas inventadas por cada sujeito.

A intervenção sobre o Outro, que a psicanálise realiza na clínica feita por vários, apresenta-se aqui no consentimento em dois tempos: $\not{S}$ e $\not{A}$. Uma primeira barra sobre o sujeito só adquire verdadeira eficácia a partir de uma barra colocada sobre o Outro. A ficção de não punição, promovida pela inimputabilidade, solidária da presunção de periculosidade, só será contrariada por uma exigência ética de punição, para que o castigo rejeitado no simbólico não retorne no real. Fernando demonstra como isso operou no caso, paradigmático, que nos apresenta aqui.

Assim, entre a inimputabilidade e a pena máxima, a psicanálise aponta para a pena sob medida, que reduz o risco e o perigo, versão analítica da responsabilidade sem culpa, promovida, em seu tempo, por nosso querido mestre Célio Garcia. Para além da psiquiatria disciplinar e da visão humanista universal, a psicanálise reivindica, como o diz Lacan, a autonomia de uma experiência irredutivelmente subjetiva, que desvincula a responsabilidade da periculosidade e a vincula ao consentimento do *falasser*. Esse último inclui não apenas o sujeito marcado pelo significante mas também seu funcionamento pulsional. Cabe verificar, em cada caso, o que é possível inventar como dispositivo de tratamento do real do gozo em jogo aí.

Elisa Alvarenga

HAMLET (a LAERTES)

– Dai-me vosso perdão, senhor, eu vos ofendi, mas perdoai, mostrando que sois cavalheiro. Bem sabem os que aqui estão e vós mesmo deveis ter ouvido falar, como fui punido por cruel loucura. Aquilo que fiz, que pudesse irritar pela rudeza, vossa natureza, vossa honra, vossa distinção, aqui declaro, foi ato de insânia. Foi Hamlet quem ultrajou Laertes? Nunca, Hamlet. Se Hamlet estava fora de si e, não sendo ele mesmo, ofende Laertes, não é Hamlet quem faz semelhante coisa: Hamlet a renega. Quem o faz então? Sua demência, e sendo assim, Hamlet é da facção ofendida, sendo sua loucura inimiga do pobre Hamlet. Senhor, diante desta audiência, que meu formal protesto de qualquer má intenção me absolva de tal maneira em vosso generosíssimo espírito como se faria se, ao disparar minha flecha por cima da casa, ferisse meu irmão.

William Shakespeare

Introdução

Poderíamos situar o desejo de empreender a escrita deste livro a partir do atendimento clínico de certos pacientes psicóticos que, internados em diversos hospitais psiquiátricos pelo país, suscitam as questões que ora propomos desenvolver. Esses pacientes são encaminhados para internação, por ordem judicial, após terem cometido alguma infração penal e serem impossibilitados, legalmente, de responder por esse ato, uma vez constatada a condição de inimputabilidade, conforme prevista no Código Penal Brasileiro.

A condição de imputabilidade é um dos elementos que configura a culpabilidade, que, por sua vez, é um dado utilizado para caracterizar aquilo que seria crime. Nesse caso, ou seja, em caso de crime, pressupõe-se o julgamento, que é a quantificação e a fixação individual da pena. Se há pena, portanto, há culpa. Por outro lado, se não se configura a culpabilidade, não há crime. E, não havendo crime, o indivíduo fica privado de responder pelo fato perante a lei. Nesses casos, fica instaurada apenas uma presunção. Isto é, presume-se a periculosidade do agente em relação a si próprio e à sociedade; presume-se a possibilidade de repetição do ato e, em virtude disso, é determinada uma Medida de Segurança, visando à proteção da sociedade e ao tratamento para o indivíduo em questão.

No Brasil, a Medida de Segurança apresenta-se sob a forma de tratamento ambulatorial, ou internação, com prazo mínimo de três meses e máximo de três anos ou, ainda, até a realização de nova perícia. A medida pode, no entanto, ser mudada a qualquer tempo pela presença de elementos que, porventura, venham a interferir no caso.

Sabe-se que a norma jurídica institui o manicômio judiciário como local para cumprir a Medida de Segurança. Entretanto, na prática, o quadro não se configura bem assim. Sabe-se, ainda, que a discussão sobre o local apropriado para se cumprir tal medida situa-se na superfície de um debate mais consistente, cuja lógica apoia-se sobre a questão da responsabilidade penal do doente mental e a punição que decorre dos eventuais delitos cometidos. Assunto polêmico e atual, não só entre nós. É o que denota a falta de consenso dos artigos publicados no *Journal Français de Psychiatrie*, n. 13 /2000 – "*Faut-il juger et punir les malades mentaux criminels?*" ("É preciso julgar e punir os doentes mentais criminosos?")[1].

É importantíssimo destacar e sublinhar que, ao questionarmos o tratamento pressuposto pela norma jurídica, não pretendemos partir de uma postura ideológica generalizadora, como a que se pode constatar no fenômeno francês atual de punição em massa, de cunho higienista, e que se apoia na periculosidade do doente mental. Não pretendemos, também, partir de uma premissa ideológica que reivindicaria a responsabilidade (e, portanto, a punição por eventuais delitos) pelo viés do resgate da cidadania e da liberdade do louco. Não se trata, pois, de considerá-lo vítima da sociedade guiada pela razão. Pretendemos, sim, operar uma radicalização, a partir dos dados que levam em conta a singularidade do sujeito. Dessa maneira, constituindo uma terceira via, é possível questionar a norma jurídica no ponto em que essa norma descaracteriza a responsabilidade penal do doente mental. Nesse

1 Cf. *Journal Français de Psychiatrie*, n. 13 /2000, integralmente dedicado à publicação dos anais do encontro: "*Faut-il juger et punir les malades mentaux criminels?*", que reuniu profissionais de diversas áreas em setembro de 2000 em Paris. Esse volume indica, no seu editorial, o número cada vez maior de doentes mentais entre a população carcerária na França. O editorial também denuncia que o consumo de psicofármacos, no meio carcerário, é superior ao dos hospitais psiquiátricos. Nota-se, ainda, que o número total dos réus considerados *non-lieux* foi dividido por dez, desde o início dos anos 1980. Tal realidade, segundo os autores, parece decorrer das mudanças dos costumes nas sociedades atuais, mudanças essas que incidem nos afazeres da justiça. É identificada, assim, uma transformação na noção de responsabilidade, cuja essência deixou-se perturbar pela intrusão da lógica "vitimária" e por uma certa intervenção da mídia nessa questão, que faz dos telespectadores os jurados de um tribunal popular. Sobre isso, reportar ao Capítulo 2 deste livro.

sentido, no Capítulo 1 deste livro, deparamos com uma narrativa ficcional, digamos, exemplar. Uma história construída a partir de vários fragmentos de casos clínicos, extraídos de pacientes por nós atendidos, em diversos hospitais. Esse constructo pretende mostrar a verdade de um sujeito que, ao recorrer à norma jurídica, não encontrou referências que determinassem a sua responsabilidade, o que dificultou uma subjetivação, *a posteriori*, do seu ato. Não esqueçamos, no entanto, que o estatuto do sujeito do qual se trata aqui não é o mesmo daquele a que se refere a norma jurídica.

Evidencia-se, a partir daí, as diferentes epistemes que dialogam no interior do nosso campo de investigação. Pois a lei que normatiza a relação entre os homens não coincide, em absoluto, com a lei da psicanálise. A norma jurídica legifera sobre os indivíduos, especificamente aqui, os doentes mentais. Questionamo-la tomando como referência não o indivíduo, doente mental designado por ela como irresponsável, mas o sujeito, concebido sempre como responsável pelo modo particular com que responde ou consente a tal norma. Lembremos que a psicanálise convoca todos os sujeitos, independente da estrutura clínica, à responsabilidade: responsabilidade por sua posição.

Desses primeiros questionamentos, esboçaram-se duas diretrizes: a primeira concerne à avaliação particular, "do caso-a-caso". Assim, o local mais apropriado para o cumprimento da Medida de Segurança seria avaliado individualmente, melhor dizendo, só poderia ser apontado pelo sujeito em questão. A segunda diretriz, intimamente relacionada à primeira, diz respeito à determinação dos critérios de permanência do paciente judiciário nos hospitais psiquiátricos. A fim de que essa diretriz tivesse valia, era absolutamente necessário que, para além do âmbito prisional, encontrássemos um sentido clínico para o crime.

Direcionados pela bússola que determina a busca de um sentido clínico para o crime, deparamos com uma barreira inesperada: o vazio que encerra os referenciais jurídicos, aqueles que normatizam a impossibilidade de os sujeitos psicóticos responderem pelos seus atos. O nosso questionamento começou a ganhar corpo ao verificar os efeitos clínicos deletérios, na prática, de uma tal exclusão: exclusão do campo da responsabilidade legal daqueles que se encontram cumprindo Medida de Segurança, internados, sob nossos cuidados.

Notamos, assim, que, de forma geral, e cada um a seu modo, tais sujeitos (excluídos da responsabilidade legal, repetimos) recorrem ao pronunciamento estabelecido pela autoridade – o juiz ou o médico –, inquirindo-os a respeito de seus próprios atos para, de certa maneira, constituir algum tipo de julgamento de valor, referente aos atos cometidos. No entanto, eles se encontram representados, na norma jurídica, como irresponsáveis, e, diante disso, seus crimes são caracterizados como inexistentes. A absolvição, em sua mais completa materialidade, vem, portanto, reafirmar e corroborar o eco vazio dos referenciais jurídicos, que, em cumplicidade com a inoperância subjetiva da lei, própria ao sujeito psicótico, só pode somar mais um elemento àquilo que foi expresso nos atos cometidos.

Ao debruçarmo-nos sobre o Capítulo 1, podemos obter um melhor esclarecimento do tema até aqui esboçado como também uma delimitação mais precisa de nosso questionamento. Pois, nesse capítulo, escutaremos a história ficcional, encarnada por uma jovem atendida em regime de internação hospitalar, após ter assassinado um tio materno. Enquanto cumpria a Medida de Segurança, decorrente da passagem ao ato, ela não se reconhecia como autora do homicídio, embora, num diálogo racional, não desconheça seu feito. Veremos que, nos vários momentos em que foi convocada a se posicionar em relação à sua responsabilidade pelo ato cometido, sempre recorreu ao pronunciamento do juiz ou do médico, ou então buscou, nas leis estabelecidas no Código Penal, alguma referência para poder se posicionar na realidade.

Pensando numa vertente clínica, orientada pela psicanálise, para o tratamento desses sujeitos em que a internação cumpriria o seu justo propósito – a tentativa de subjetivação do ato –, vemo-nos confrontados com a perspectiva jurídica do tratamento. Dessa perspectiva, a doença mental é considerada como déficit que abrange a globalidade da vida psíquica. O tratamento que aí se espera limita-se à mera eliminação fenomenológica dos sintomas.

Pretende-se mostrar, assim, o efeito negativo, na prática clínica, do tratamento pressuposto pela norma jurídica. Essa norma, além de descaracterizar a responsabilidade do sujeito pelo ato, como poderemos constatar a partir da história dessa jovem, não favorece a subjetivação do ato *a posteriori*. Constatada a inimputabilidade, o que faz a norma jurídica é obturar, com seu "silêncio", uma possível subjetivação, a partir da noção – estabelecida na articulação dos saberes psiquiátrico e jurídico – de periculosidade presumida.

No Capítulo 2, procuraremos delimitar o modo como se construiu a ficção da norma, principalmente aquela que exclui os doentes mentais do campo da responsabilidade na sociedade capitalista moderna. Pode-se resumir todo o esforço empreendido nesse capítulo traduzindo-o basicamente na tentativa de demonstrar que a noção de periculosidade presumida, cara à psiquiatria do crime, é uma ficção teórica. Isso significa dizer que não estamos no campo natural, ao qual se limita a cientificidade do problema; estamos, sim, no campo das práticas políticas e sociais, uma vez que a psicopatologia do século XIX, e talvez ainda a nossa, conforme denuncia Michel Foucault,

> acredita situar-se e tomar suas medidas com referência num *homo natura* ou num homem normal considerado como dado anterior a toda experiência da doença. Na verdade esse homem normal é uma criação. E se é preciso situá-lo, não é num espaço natural, mas num sistema que identifique o *socius* ao sujeito de direito; e, por conseguinte, o louco não é reconhecido como tal pelo fato de a doença tê-lo afastado para as margens do normal, mas sim porque nossa cultura situou-o no ponto de encontro entre o decreto social do internamento e o conhecimento jurídico que discerne a capacidade dos sujeitos de direito.[2]

Veremos que, desde a modernidade, com os saberes disciplinares, ocorreu um deslocamento do eixo que antes apontava para a anterioridade e a universalidade da lei em favorecimento do eixo que tende a relativizá-la e a individualizá-la, tendo como referente a norma. Com isso, em nome de uma certa humanidade, pouco a pouco, o aparelho jurídico, a partir do que lhe foi imposto pelas práticas institucionais, teve que compartilhar a função de julgar com outros saberes – as ciências humanas, dentre as quais reforça-se a psiquiatria – que aí despontavam. A partir daí, coube à função do juiz abrir novo espaço, a fim de convocar outros saberes. Isso ocorreu porque o aparelho jurídico necessitava de algo mais do que apenas o código que determina a infração e que estabelece,

2 FOUCAULT. *História da loucura*, p. 133.

respectivamente, a punição. Vale salientar que a intenção da punição passou a assumir um novo estatuto, cuja essência repousa na ideia de transformação do homem, ou seja, na sua correção.

No Capítulo 3, buscaremos desenvolver o tema da responsabilidade a partir dos referenciais da psicanálise: um saber que não é disciplinar. Esse capítulo se inicia tentando precisar a lógica que subjaz ao modelo utilitarista classificatório, do qual se serve a psiquiatria. Nesse momento, delimitaremos o ponto em que a psicanálise marca uma ruptura com esse modelo. Veremos que o modelo utilitarista, aqui representado por Jeremy Bentham, visa à adequação e à fixação do indivíduo a uma representação. No entanto, ao classificar o indivíduo, tal modelo desconsidera todo o resto resistente à representação. Cabe à psicanálise, em contraposição, desfazer essa unidade de representação na qual se aloja, identificado, o sujeito. Essa operação visa à exposição da singularidade não classificável do sujeito: a posição quanto ao desejo. Tal intervenção não deixa de extrair uma responsabilidade ética.

Opondo-se ao ideal normativo classificatório, a psicanálise lança mão do que J.-C. Milner indica, em *Les noms indistints*, como classes paradoxais. Essa classe – classe dos inclassificáveis – funda-se na resposta singular do sujeito ao que se pode chamar de "Um do real". O consentimento a esse "Um do real" define aquilo que chamamos de responsabilidade. Assim, a psicanálise não só considera um real impossível de ser representado como traça uma ética, a partir desse real.

Descortina-se aí o objeto deste estudo que, com o poeta, podemos chamar de uma terceira via: a terceira margem... além da palavra.

> Margem da palavra
> Entre as escuras duas
> Margens da palavra
> Clareia, luz madura
> Rosa da palavra
> Puro silêncio, nosso pai[3]

[3] VELOSO. "A terceira margem do rio." In: *Circuladô*.

Pois é desse lugar – lugar de puro silêncio, abrigo do real – que se desenvolve a pesquisa em psicanálise. E, tal como estabelece o próprio conceito de estrutura em Lacan, pode-se dizer que esta pesquisa comporta dois níveis: simbólico e real. Portanto, propomos delimitar, na obra do psicanalista francês, os momentos distintos em que ele privilegia cada um desses níveis para tentar explicitar como se relaciona a responsabilidade do sujeito em ambos os momentos. Veremos que Lacan não correlaciona a responsabilidade à culpa, mas ao assentimento subjetivo.

O assentimento subjetivo encerra, justamente, o nó em que a normatividade social e a responsabilidade do sujeito se encontram. Já nos anos 1960, porém, essa concepção é modificada: o assentimento não será mais pensado a partir do simbólico, mas do real. Com o termo *terrorismo* da responsabilidade, Lacan introduzirá a concepção do sujeito do ponto de vista ético, enquanto instância de resposta à determinação que ele recebe da estrutura. Para tanto, forjará o *tópos* da causa, ou seja, uma hiância na lei de determinação significante. Nesse *tópos* se articula, nos primórdios da constituição do sujeito, tanto a causalidade significante quanto a causalidade do real da pulsão com os modos como o sujeito emerge como resposta. A responsabilidade subjetiva comporta tanto o dizer "sim", o assentimento, quanto o dizer "não", a recusa.

Por fim, no Capítulo 4 discorreremos sobre as possibilidades de resposta a serem construídas a partir da posição primordial de recusa à função do pai. Inicialmente, a psicose será tratada como estrutura clínica pensada a partir da neurose, da qual a primeira se destaca como déficit, determinada pela *Verwerfung* (forclusão) do significante Nome-do-Pai. Num segundo tempo, a função do significante primordial (Nomes-do-Pai) será relativizada e pluralizada, passando a ser tratada como um sintoma, sintoma neurótico, que poderá ser substituído, eventualmente, por outros sintomas ou ficções a serem construídas na psicose. Esse "sim", dito mais tarde, é mostrado pela história de Ângela, narrada no Capítulo 1, e corresponde ao consentimento do sujeito às ficções jurídicas. Daí será possível extrair a sua responsabilidade? Ou ficaremos proferindo como Hamlet a Laertes?

1. “Bárbara-cena”

Para além do estudo teórico sobre o discurso normativo das práticas disciplinares, busquemos, como sugere o próprio discurso da psicanálise, possibilitar a emergência da singularidade face à universalidade normativa do conceito. Dizendo de outra maneira, formalizemos o reconhecimento da verdade de um sujeito, no ponto mesmo onde ele resiste às malhas classificatórias do discurso normativo. Para isso, escutemos uma história[4]; escutemos a história encarnada pela personagem Ângela, a fim de dela colher um material valioso, que poderá ser, aqui, nosso norte em relação às novas ficções jurídicas que, eventualmente, poderão ser inventadas a partir da singularidade que essa narrativa permite vislumbrar.

Ângela, uma jovem de 26 anos, funcionária do arquivo público de uma cidade de pequeno porte, foi, há alguns anos, internada em uma unidade de tratamento psiquiátrico do interior de Minas Gerais. A internação provinha do fato de ter cometido um assassinato daqueles que, outrora, no tempo de Pierre Rivière, provavelmente seria classificado como "contra-natural" e "sem razão".

A jovem assassinou violentamente um tio materno com quem residia nos últimos tempos. Seu ato foi, pela instância jurídica – respaldada pelo exame psiquiátrico pericial –, classificado como inimputável, em razão de ter decorrido e se efetivado durante um período

4 Trata-se de uma construção fictícia composta por vários fragmentos de casos clínicos de pacientes internados em diversos hospitais psiquiátricos brasileiros ao longo de anos.

de surto psicótico esquizofrênico paranoide. Sobre o assassinato, ela nos relatou pouco tempo depois: *Estava em crise. Não tenho culpa, segundo o laudo do psiquiatra. Lembro-me de ter-lhe dito (referindo-se à vítima do homicídio) as barbaridades que iria fazer com ele caso não largasse do meu pé [...]. Surpresa fiquei quando me contaram, aqui no hospital, após alguns dias do ocorrido, que tudo o que eu apenas achava ter-lhe dito havia acontecido de verdade. Só acreditei porque me reconheci nas fotos do crime contidas nos documentos do processo policial [...]. Fui possuída pelo mal.*

Breve história de Ângela

Podemos contar várias internações psiquiátricas na vida de Ângela. Em todas elas, chama a atenção os relatos de uso compulsivo e exagerado de qualquer tipo de droga, uso que se acentuava após a interrupção dos tratamentos ambulatoriais a que se submetia. Suas internações eram precedidas por uma conduta de isolamento e atos heteroagressivos.

As crises de Ângela se iniciaram aos 19 anos. Ela nos contou que, com essa idade, teria sido abordada, numa festa de rodeio e exposição de gado, por policiais que lhe pediram para revistar os pertences que carregava consigo: *Eu os desafiei com droga na bolsa, então eles me agrediram e me humilharam.* Ela, nesse momento, clamou, em vão, por seu pai. Pediu que ele viesse em seu socorro. Em seguida, a jovem escutou, ainda dos policiais, uma frase que marcaria a sua vida: *vamos te vigiar a cada passo.* A partir daí, realmente, ela passou a se sentir perseguida a cada passo.

Os pais de Ângela se separaram quando ela era ainda uma criança. O pai, comerciante, morava em outro estado e, segundo Ângela, era *um bon vivant, um sujeito experiente, que nunca chegou a concluir seus estudos.* Mesmo antes da separação, sempre teve várias namoradas na rua e usava drogas e álcool. Algumas vezes, envolvia-se com as amigas da filha, com quem saía para beber e usar entorpecentes.

A mãe também morava em outro estado, sempre foi muito dedicada ao trabalho de assistente social: *Minha mãe é a detentora do dinheiro, dominadora, gosta de controlar nossas vidas, até nos meus relacionamentos, seja com homens ou com mulheres, ela palpita.* Ângela ainda nos contou que ficava extremamente perturbada com a presença da mãe andando pela casa vestida somente com roupas íntimas e que, às vezes, recebia dela o convite para se deitarem juntas em sua cama. No limite da suportabilidade da relação erotizada com a mãe, Ângela a agredia e saía em busca de drogas pelas ruas.

Internação

Durante a internação, Ângela recebeu visitas mensais e regulares de sua mãe, que, desde o início, mostrou-se excessiva, fazendo uma série de exigências e recomendações ao hospital. Ela buscava, das mais diversas maneiras, que sua filha tivesse um atendimento especial. Com essas visitas, Ângela tornava-se mais erotizada; reivindicava manter relações sexuais na enfermaria; passava ao ato sexual com mulheres e homens, refratária às normas do hospital. Esses atos eram, ainda, sempre oferecidos aos olhares dos funcionários. Porém, quando interrogada, negava-os.

Ângela foi autuada em flagrante, pela companheira do tio, ainda quando, instantes após tê-lo golpeado com uma faca, rezava e jogava água benta no corpo inerte no chão. Nesse ínterim, ela se ocupava de cortar os órgãos genitais do parente morto. Nos primeiros dias de internação, no entanto, Ângela não se lembrava, de forma alguma, do ocorrido. Ao tomar conhecimento do fato, por intermédio dos seus familiares, ela se mostrava surpresa, deprimida, chorando. Dizia que o amava e que seria incapaz de provocar-lhe algum mal.

Decorrida a primeira semana de internação, Ângela já não apresentava os fenômenos alucinatórios e começava a se preocupar com a sua situação perante a Justiça. Já conseguia também, após alguma elaboração, contar, com detalhes, os momentos que precederam o ato. Ela relatou: *Ele me tratava como se eu fosse uma criança, não me deixava fumar baseado nem levar meus namorados para transar na casa dele. Enquanto isso, podia gemer a noite toda, transando com a companheira. Ele era muito fogoso, teve várias mulheres e, ao todo, 12 filhos. Também era muito religioso. Havia uma câmara de fotografia no seu quarto pela qual me vigiava. Ele achava que eu era a Virgem Maria e me injetava droga nas veias enquanto eu dormia.*

Durante o primeiro ano de internação, a busca de Ângela por contato sexual ou por drogas se repetia, como também se repetiam os seus desmentidos: *eles que implicam e não gostam de mim*. Ela sempre se apresentava como inocente e se preocupava com o fato de que as anotações em seu prontuário médico podiam chegar até o juiz. Quanto ao crime em si, apesar de assumi-lo, não reconhecia a autoria: *Não tenho culpa disso, estava em surto; e, se eu tomar a medicação, isso* não se repete: *são as aminas cerebrais*.

Ângela temia que o juiz a julgasse imputável, convocando-a para um julgamento no tribunal; temia que ele acabasse por determinar o cumprimento da pena numa penitenciária: *Não posso me mostrar curada, porque, se for mandada para a penitenciária, as presidiárias acabarão comigo*.

Transferência e direção do tratamento

Na sequência do tratamento, as afirmações que ilustravam a posição de Ângela em relação ao crime ou, mais particularmente, à lei permaneciam: *O responsável pela morte dele é o médico, que, vendo meu surto, não quis me internar na urgência naquela noite*. Ou seja, o Outro era o único responsável. Apareceram, ainda, mesmo que precariamente, algumas ideias de cunho delirante: Às vezes acho que sou especial, tenho uma missão, mas fizeram macumba *para mim, estava endiabrada, com Exu no corpo... O Sr. se lembra do personagem Angel do filme Coração Satânico?*[5] *É assim...*

No decorrer da internação, a equipe responsável pelo tratamento se deparou, na atualização da transferência, com as vicissitudes pelas quais a lei se apresentava para esse sujeito: Ângela, diante de todos, levou a namorada para seu quarto na enfermaria, encostando, em seguida, a porta; em outra ocasião, ela foi surpreendida acendendo

[5] Nas ocasiões em que Ângela quer comunicar essa sua experiência de "possessão", cita o exemplo do personagem *Angel*, interpretado por Mickey Rourke no filme *Coração Satânico*, o que não deixa de ser, no mínimo, digno de nota, pois se trata de um anjo que pratica crimes hediondos, dos quais não se lembra em "sã consciência". Convém lembrar, ainda, que o próprio demônio é um anjo que não há como ser perdoado.

um baseado, bem próxima dos olhares da enfermagem. Mais uma vez, presentificando o olhar do Outro, repetiu, em ato, na instituição, o que foi sempre consentido por seus pais.

Ângela, porém, ao mesmo tempo que atuava, pedia uma outra intervenção que barrasse essa tentação, conforme enunciou numa frase escrita por ela no quadro de aviso localizado no refeitório da enfermaria: *pedimos a Deus, não nos deixe cair em tentação, ou seja, sermos transferidos para Bárbara-Cena*[6]. A equipe procurou, então, não fazer vistas grossas a seus atos. As conquistas de liberdade, como o trânsito livre pelas dependências externas da enfermaria e as visitas da namorada, foram suspensas, ao mesmo tempo que ela foi chamada a se responsabilizar por essas medidas restritivas. Buscava-se, dessa maneira, uma intervenção para além das normas ordenadoras, sustentadas pelo lugar da mestria; tentava-se uma intervenção decidida a partir da enunciação da frase escrita por Ângela, implicando-a em seu pedido.

Essas intervenções mostravam-se momentaneamente apaziguadoras, mas a reincidência dos atos apontava que havia um mais além, e que a lei, em sua lógica estrutural, não cessava de não se escrever[7].

O Direito e a clínica

Ângela recebeu, diretamente do juiz, a Medida de Segurança que determinava a sua permanência no hospital, em tratamento por três anos, além da necessidade de ir regularmente ao fórum, escoltada

[6] Salientemos que, no significante "Bárbara-cena", utilizado por Ângela, podemos escutar o nome do Hospital Judiciário de Barbacena, para onde ela poderia ser transferida, caso determinasse o juiz, assim como uma alusão à bárbara cena do crime por ela cometido.

[7] Tal manobra inspira-se nas elaborações de Alfredo Zenoni: o importante é "considerar que nós não estamos lá para fazer respeitar a lei, mas para presentificar um Outro que respeita a lei e está, ele mesmo, submetido à lei; que contribui para criar um esvaziamento do querer do Outro". Ao implicá-lo, tenta-se estar a seu lado, protegendo-o do gozo do Outro, ou seja, que ele "não fique possuído pelo mal". Tal como constata Zenoni: "o fato de considerá-lo sempre como responsável nunca tem efeitos nefastos sobre ele. Enquanto que considerar que às vezes ele não é responsável pode ter efeitos de desencadeamento". ZENONI. "Qual instituição para o sujeito psicótico?", p. 24.

pela polícia, prestar contas de seu trabalho elaborativo. A Medida de Segurança indicava, ainda, a possibilidade de transferência para a penitenciária ou para o Hospital Judiciário de Barbacena, caso continuasse infringindo, da maneira como vinha fazendo, as normas da instituição.

Em relação à condução do tratamento, apostava-se que uma parceria com o Direito pudesse favorecer a efetivação de alguma intervenção clínica. Buscava-se uma subjetivação, a partir da construção de uma nova ficção moderadora do gozo. Assim, a Medida de Segurança que determinava a permanência de Ângela no hospital foi tomada como uma variável clínica, isto é, esse elemento universal deveria operar na singularidade de seu caso.

Apesar da severidade e da dureza com que o juiz dirigiu-lhe a sentença – proferida na presença de um técnico da unidade –, Ângela não a reconhecia como tal. Na entrevista seguinte, ela se referiu à sentença, com um cinismo que lhe era peculiar, da seguinte forma: *O juiz me absolveu do crime, apenas disse que devo fazer tratamento até completar dois anos de internação. E, depois que fizer o exame de cessação de periculosidade, devo tratar no ambulatório [...]. E aí, dá para liberar uma saidinha de final de semana para casa, Dr.?*.

Nesse primeiro momento, a aposta da equipe, pelo menos nas semanas que se seguiram, caiu por terra. As atuações e reivindicações de Ângela mantiveram-se. Contudo, cerca de um mês depois, algo próximo a uma mudança de posição passou a ser observado. Sua mãe, de férias na cidade, visitava-a todos os dias e, de forma diferente de como agia anteriormente, passou a respeitar as limitações e regras da instituição. Diferente também foi o efeito dessas visitas em Ângela. Ao invés de acentuar as suas reivindicações e passagens ao ato, a paciente, nesse período, mostrava-se tranquila.

Numa entrevista com a mãe, soube-se que ela havia sido chamada ao fórum, onde teria sido alertada pelo juiz sobre a gravidade do caso de Ângela e informada sobre o conteúdo da Medida de Segurança, na qual constava que ela, a mãe, também deveria, periodicamente, ser atendida. Em função desse chamamento da justiça, recomendou à filha que confiasse a seus terapeutas tudo que sabia sobre a entrada de drogas no hospital, sobre o assassinato por ela cometido e o que mais houvesse. Desde então, Ângela realmente se apaziguara e não atuara como anteriormente. Essa mudança de posição levou a equipe a avaliar que, somente após sua mãe ter sido interpelada pela justiça, o ato jurídico surtiu efeitos sobre o sujeito.

Em um momento ulterior, diante da aproximação do exame pericial de cessação de periculosidade, Ângela mostrava-se bastante ansiosa. Nos últimos meses, ela vinha se perguntando se "passaria" no exame, o que significaria não ser mais perigosa e estar em condições de sair do hospital. Preparando-se para essa avaliação, ensaiava várias falas padronizadas por ela e já seguidamente utilizadas. Contudo, carregava consigo um temor: caso "passasse" no exame e, com isso, adquirisse a liberdade, temeria por sua vida.

Quando chegou o dia, tão esperado quanto temido, disse, com uma certeza inabalável, própria do delírio no qual a inocência paranoica assume o lugar da culpa: *Quando eu sair daqui, alguns de meus tios vão querer me matar, mesmo que eu me mude para outra cidade, mesmo que não for por agora, mesmo que eu fique velha; para que não seja dado mais um desgosto para minha mãe, eles vão me matar.* Diante desse temor, o analista interveio, afirmando que ninguém podia matar e que havia uma lei que proibia esse tipo de ato assim como previa punições para quem a transgredisse. Ao que Ângela respondeu: *Tenho tios, alcoólatra e doente mental, que não seriam punidos se me matassem.*

2. A ficção da norma: história, contextualização e desconstrução

O campo em que objetivamos operar é um campo de interface. Para isso, procuraremos delimitar que sujeito é esse para o qual o objeto da ciência jurídica se dirige desde a modernidade. Tomemos, então, o espírito contido na "Declaração universal dos direitos humanos", que, já no Art. 1, nos diz: "Todos os seres humanos nascem livres e iguais em dignidade e em direitos. Dotados de razão e de consciência, devem agir uns para com os outros em espírito de fraternidade".

Estamos aí, nesse texto, diante de um sujeito consciente: agente do processo de conhecimento e da razão, dotado de livre arbítrio, aquele que o capacita não apenas para discernir o bem do mal, mas, também, para agir de acordo com seu entendimento. É suposto, a esse sujeito, uma tendência inata para buscar o bem e, além disso, submeter-se às leis do ordenamento jurídico - pacto regulamentado que garante a ordem e o bem-estar social.

No entanto, vejamos, é condição de possibilidade para o exercício da racionalidade científica, expressa na razão cartesiana, a eliminação da verdade da loucura. Sendo assim, a loucura só pode ser tratada como uma fonte de erro subjetivo; trata-se de uma lógica negativada pela razão.

2.1 – Ficção do sujeito da razão e a forclusão da loucura

A partir da análise de Foucault, em *História da loucura*, buscaremos aqui, antes de tudo, entender como a própria ciência moderna se estabeleceu. Podemos dizer que o advento dessa ciência se deu mediante uma recusa, que não se limita à cientificidade do problema, mas que extrapola para o campo das práticas políticas e sociais, extraindo daí um sentido moral: aquele que diz respeito à dimensão da loucura. Tal dimensão, então, será reduzida ao silêncio pela era clássica, como veremos, por meio de um estranho golpe de força.

Percorrer esse caminho histórico se faz necessário para que possamos delimitar o modo de isolamento da "doença mental" - efetuado pela psiquiatria nascente no final do século XVIII - e a construção que, a partir daí, se faz. Trata-se de uma construção, monumento preservado até nossos dias, que tem como alicerce o princípio da exclusão: exclusão concernente ao campo da responsabilidade.

No caminho da dúvida, segundo indica Foucault, Descartes, no início da primeira Meditação, encontra a loucura ao lado do sonho e de todas as formas de erro, mas não é assim que ele vai tratá-la. Na economia da dúvida, própria ao método cartesiano, há um desequilíbrio fundamental entre a loucura, de um lado; e o sonho, o erro, de outro: "A situação deles é diferente com relação à verdade e aquele que a procura; sonhos e ilusões são superados na própria estrutura da verdade, mas a loucura será excluída pelo sujeito que duvida"[8].

Lemos aí que não é a permanência de uma verdade que garante o pensamento contra a loucura, assim como ela lhe permitiria desligar-se de um erro ou emergir de um sonho; é uma impossibilidade de ser louco, essencial não ao objeto do pensamento, mas ao sujeito que pensa. O ponto de certeza, atingido por Descartes, prescreve a eliminação da loucura como a condição para o exercício do pensamento científico racional. Nesse contexto, a reforma da razão, instaurada pelo método cartesiano, conseguiu edificar-se, sem recorrer à era ontológica pré-científica. Ao mesmo tempo, não há contradição nos seus fundamentos, como ocorre, por exemplo, no caso dos cépticos e dos nominalistas que não excluíam o engano e o erro ao conceber a racionalidade nela mesma. É por isso que esses últimos foram identificados à própria experiência indisciplinar da loucura.

Se, no século XVI, a existência da loucura foi excluída do processo do pensamento nos avatares da não-razão - testemunhada pelo cartesianismo -, não foi, portanto, uma racionalidade científica que a subtraiu da dignidade trágica da experiência, aquela que lhe conferia o pensamento

[8] FOUCAULT. *História da loucura*, p. 46.

medieval, que a exilou de seus direitos à verdade nos séculos subsequentes e que culminou no isolamento classificatório, bem como na sua fixação em objeto do conhecimento pela psiquiatria do século XIX .

Ficção burguesa da loucura na época clássica: "Os Desatinados"

Da experiência clássica da loucura, destaca-se o "internamento", ato que se proliferou por toda a Europa, nos séculos XVII e XVIII, período que Foucault descreve e nomeia "A Grande Internação".

Nessa época, a miséria se viu despojada de sua aura mística, passando a ser coberta pela ética da Reforma, que, então, ditou o seu saneamento. Daí nasceu o Hospital Geral, que, na era clássica da grande internação, antes de ter o sentido médico que hoje lhe atribuímos, deve a sua existência a razões bem diversas da preocupação com a cura: "O Hospital Geral não é um estabelecimento médico. É antes uma estrutura semi-jurídica, uma espécie de entidade administrativa que, ao lado dos poderes já constituídos, e além dos tribunais, decide, julga e executa"[9].

Situado nos limites da lei, o Hospital Geral é um estranho poder, entre a polícia e a justiça, que organiza, numa unidade complexa, uma nova sensibilidade em relação à miséria e aos deveres de assistência, uma nova ética do trabalho[10].

[9] FOUCAULT. *História da loucura*, p. 50.

[10] É importante ressaltar que a ética reformista da miséria transforma a loucura em mal social e desordem moral a serem eliminados. Essa ideia logo se estendeu também para o mundo católico. Segundo Foucault, "a Igreja tomou partido e, fazendo-o, dividiu o mundo cristão da miséria que a Idade Média em sua totalidade havia santificado". FOUCAULT. *História da loucura*, p. 60. Dividiu-se, assim, o mundo cristão da miséria em legiões opostas de bons e maus pobres. Os primeiros, submissos, que aceitam a ordem do internamento, que lhe é proposta a título de benefício; os segundos, se a recusam, a merecem por castigo. Então, concluímos com Foucault, "todo interno é colocado no campo dessa valorização ética – e muito antes de ser objeto de conhecimento ou piedade, ele é tratado como *sujeito moral*". FOUCAULT. *História da loucura*, p. 62.
É imprescindível notar que há menos um sentido econômico do que um sentido moral no Grande Internamento. Nos períodos de crise, assume a função de controle social dos distúrbios provocados pela ociosidade; em outros, fora das crises, comporta uma nova utilidade: os internos são tomados como mão de obra barata em

Assumindo o lugar segregativo dos antigos leprosários da época medieval, o Hospital Geral abrigou, na era clássica, um grande agrupamento heterogêneo de indivíduos excluídos dos limites sacros da ordem burguesa. Obviamente, ao nosso olhar "psiquiatrizado" de enquadramento, parece-nos uma massa confusa e indiferenciada. Mas, certamente, ao olhar do homem clássico, esse agrupamento organizava, com clareza, o modo de perceber a loucura em uma época que privilegiava a razão. Esse olhar era menos determinado por uma ciência médica do que por conceitos burgueses morais e foi definido por Foucault como "consciência suscetível de escândalo"[11].

Nesse movimento de conjuração indiferenciada, o pensamento que isolou a loucura não chegou a tematizá-la. Antes do século XIX, não existia o que Foucault nomeia como consciência analítica da insanidade mental, havia somente uma consciência crítica da loucura que não a definia, embora a denunciasse em sua aberração.

A ordem clássica fez surgir uma categoria bastante complexa em sua heterogeneidade de elementos e os agrupou sob o termo de "Desatino". O universo de proscritos, confinado entre os muros dos Hospitais Gerais, congregava os "Desatinados", dos quais participavam as mais variadas silhuetas dos "a-sociais". Desde os que extrapolavam o uso do corpo: prostitutas, doentes venéreos, sodomitas, devassos; os que profanavam o sagrado; até os que cultivavam ilusões e enganos: blasfemadores, praticantes de magia, feitiçaria ou alquimia. Havia também os libertinos – pessoas que desvirtuavam o pensamento, subordinando a razão aos desvarios das paixões – e os loucos, que ainda não tinham o estatuto de doentes mentais.

O Grande Internamento, ao misturar o perfil da loucura, indiferenciadamente, com aqueles outros que também foram proscritos por transgressões morais, estabeleceu alianças que avizinham a loucura

nome da prosperidade de todos. Mas o que Foucault evidencia é o reconhecimento transcendental do trabalho, que tem sua eficácia em termos de valorização ética de penitência e resgate. O Hospital Geral não terá simplesmente o aspecto de ateliê de trabalho forçado, mas, antes, o de uma instituição moral encarregada de castigar, de corrigir uma certa "falha" moral que não merece o tribunal dos homens e que não poderia ser corrigida pela severidade da penitência.

11 FOUCAULT. *História da loucura*, p. 128.

ao pecado. Essa mistura é sustentada por Foucault não como um vestígio de arcaísmo na consciência europeia; ele dirá, ao contrário, que, "ao inventar, na geometria imaginária de sua moral, o espaço do internamento, a época clássica acabava de encontrar ao mesmo tempo uma pátria e um lugar de redenção comum aos pecados contra a carne e às faltas contra a razão"[12].

Portanto, somente ao promover a excomunhão dos desatinados, fora dos limites de sua ética, a sociedade pôde instituir a figura de seu outro, do que lhe era estrangeiro. Por meio do gesto que alienava e distanciava os desatinados entre os muros do internamento, foi possível propiciar o solo em que, um século e meio mais tarde, esses loucos seriam designados como "alienados".

O gesto inaugural do século XVII permitiu "esse movimento pelo qual o desatino deixou de ser experiência na aventura de toda a razão humana, e através do qual ela se viu contornada e como que encerrada numa quase-objetividade"[13]. Ou seja, para que o desatino se transformasse em "objeto do conhecimento" – e, com isso, o louco fosse transformado em doente mental –, foi preciso que houvesse, anteriormente, a segregação e o isolamento dos restos inassimiláveis pela sociedade.

Nesse espaço factício do internamento, habitado pelos restos desviantes, constituíram-se alianças obscuras entre o desatino e a culpabilidade que a psiquiatria de cunho "positivista", ainda hoje, não conseguiu romper.

A percepção social e moral da loucura vigente no classicismo, supostamente desautorizada pela medicina positiva, não deixou de ramificar-se no próprio conhecimento "científico" que, pretendendo buscar a verdade na natureza, supunha-se neutralizado de qualquer postura moralizadora. Entretanto, imbuído de ideais socializantes, tal conhecimento passou a classificar o louco como um doente mental e a interná-lo.

É estranho que tenha sido justamente o racionalismo, denuncia Foucault,

12 FOUCAULT. *História da loucura*, p. 87.

13 FOUCAULT. *História da loucura*, p. 104.

> quem autorizou essa confusão entre o castigo e o remédio, esta quase-identidade entre o gesto que pune e o gesto que cura. Ele supõe um certo tratamento que, na articulação precisa entre a medicina e a moral, será ao mesmo tempo uma antecipação sobre os castigos eternos e um esforço na direção do restabelecimento da saúde.[14]

E, mais estranho ainda, havendo apenas o saber jurídico da alienação no momento em que se procede à prática do internamento, é sobre a base da jurisprudência que se constituirá o esboço de uma psicopatologia.

Ficção jurídica da loucura na época clássica

A consciência jurídica da loucura já estava elaborada há muito tempo, antes mesmo de instaurar-se a prática do internamento. Os seus fundamentos encontravam sustentação no Direito Canônico e nos remanescentes do Direito Romano, após ter sido constituído no decorrer da Idade Média e da Renascença. Tal consciência, apesar da anterioridade histórica, não antecipa essa prática. A consciência jurídica da loucura e a prática do internamento pertencem a dois universos totalmente distintos: "uma depende de certa experiência da pessoa como sujeito de direito, cujas formas e obrigações são analisadas; a outra pertence a certa experiência do indivíduo como ser social"[15].

O reconhecimento da loucura no Direito Canônico, bem como no Direito Romano, estava ligado a seu diagnóstico pela medicina. Mas é sob a pressão dos conceitos do direito, e com a necessidade de delimitar de modo exato a personalidade jurídica, que se constituiu a base que parece antecipar as teorias médicas que a seguem de longe. Já nas formulações da jurisprudência do século XVII, veem-se emergir estruturas apuradas da psicopatologia[16].

[14] FOUCAULT. *História da loucura*, p. 87.

[15] FOUCAULT. *História da loucura*, p. 130.

[16] Por exemplo, podemos encontrar, dentre as citações de Foucault, as classificações de *Zacchias*. In: "Quaestiones medico-legales", Lyon, 1674. Sobre a velha categoria da *fatuitas*, da imbecilidade, que parece pressagiar a classificação de Esquirol e, logo, toda a psicologia das debilidades mentais. No primeiro posto, de uma ordem decrescente, ele coloca os "parvos", que podem testemunhar, testamentar e casar-

Articulação de duas experiências dicotômicas da loucura na era clássica como fundamento da noção moderna de doença mental

De fato, a loucura, na era clássica, foi considerada sob dois prismas, a saber: como sujeito do direito, o homem se liberta de suas responsabilidades na própria medida em que é um alienado; como ser social, a loucura o compromete nas vizinhanças da culpabilidade. "O internamento do homem social preparado pela interdição do sujeito jurídico significa que pela primeira vez o homem alienado é reconhecido como incapaz e louco; sua extravagância, de imediato percebida pela sociedade, limita - porém sem obliterá-la - sua experiência jurídica"[17].

A medicina, em sua forma positiva e filantrópica, a partir do século XIX, se esforçará para reconciliar essas duas experiências dicotômicas. Essas experiências de maneira alguma coincidem. Pelo contrário, somam-se numa negatividade enganosa a ser prevenida e saneada, excluída do universo da "normalidade". Por outro lado, a psicopatologia do século XIX, e talvez ainda a nossa, "acredita situar-se e tomar suas medidas com referência num *homo natura* ou num homem normal considerado como dado anterior a toda experiência da doença"[18]. Continuemos com Foucault:

> Na verdade esse homem normal é uma criação. E se é preciso situá-lo, não é num espaço natural, mas num sistema que identifique o *socius* ao sujeito de direito[19]; e, por conseguinte, o louco não

se, porém não entrar para as ordens nem administrar, "pois são como crianças que se aproximam da puberdade". Os "imbecis" propriamente ditos *(fatui)* vêm a seguir; não se lhes pode confiar responsabilidade alguma; seus espíritos estão abaixo da idade da razão, como as crianças de menos de sete anos. Quanto aos *stolidi*, os "estúpidos", são nada mais, nada menos que pedras: não se lhes pode autorizar nenhum ato jurídico, salvo talvez o testamento, se pelo menos tiverem discernimento suficiente para reconhecer seus parentes. Cf. FOUCAULT. *História da loucura*, p. 130.

17 FOUCAULT. *História da loucura*, p. 132.

18 FOUCAULT. *História da loucura*, p. 132.

19 Essa construção foucaultiana aproxima, de certo modo, o homem "normal" ao homem civilizado, que Nietzsche denomina de "Animal dispéptico": um animal capaz de promessas, deplorando-lhe a perda da faculdade ativa do esquecimento. Cf. "Dissertação Segunda". In: *Genealogia da Moral*.

> é reconhecido como tal pelo fato de a doença tê-lo afastado para as margens do normal, mas sim porque nossa cultura situou-o no ponto de encontro entre o decreto social do internamento e o conhecimento jurídico que discerne a capacidade dos sujeitos de direito.[20]

Não seríamos justos se deixássemos de ressaltar, com relação à construção foucaultiana sobre o sujeito de direito, que Lacan, igualmente, recorreu à ciência do Direito para aí buscar o termo *forclusion* e dele se servir, com bastante precisão, na elaboração do mecanismo que estrutura a psicose. Esse termo, em língua francesa (a tradução brasileira utilizada é "forclusão"), designa a "perda irreversível de uma faculdade ou de um direito não exercido nos prazos prescritos"[21].

É por essas áridas e tortuosas veredas que se traça o caminho que estamos dispostos a percorrer. "Tortuosas", porque não visamos a uma boa forma, jamais propomos desviar do caminho científico; "áridas", porque nosso objeto não nos permite lançar mão de fórmulas prontas, representantes da natureza. Propomos, sim, uma demonstração capaz de afirmar que isso que, habitualmente, nossa cultura reconhece como "normal" – índice de plena saúde mental, tomando-o como um conhecimento natural, já dado, inquestionável e anterior a qualquer experiência (de doença) –, isso, de fato, é uma criação. Mais especificamente, trata-se de uma ficção jurídica.

2.2 – As práticas jurídicas na formação das estruturas fundamentais ordenadoras da verdade

Nesse percurso, tortuoso e árido, continuaremos a ser guiados por Foucault, que aliás, no seu livro intitulado *A verdade e as formas jurídicas*, apoiando-se no modelo nietzscheano, faz uma análise histórica da própria formação do sujeito, aliada à análise histórica do nascimento de um certo tipo de saber, sem admitir a preexistência, na natureza humana, de um sujeito do conhecimento. Esse modelo estabelece que não há conhecimento possível fora de uma perspectiva

20 FOUCAULT. *História da loucura*, p. 133.

21 "Déchéance d'une faculté ou dún droit non exercé dans les délais prescrits". ROBERT. *Dictionaire de la langue française*, p. 806.

de dominação. Isto é, trata-se de um modelo contrário a uma certa tradição acadêmica do marxismo, calcada numa distorção da função do sujeito original do conhecimento pela ideologia do domínio de classes. Trata-se, também, de um modelo contrário a determinada concepção que instala um ideal do conhecimento como adequação ao objeto, no sentido de uma relação de assimilação. Portanto, lemos, em Foucault, que o conhecimento é, simplesmente, o resultado de um jogo de forças, o que se produz no final de uma batalha e que pode ser traduzido por meio das relações de poder.

Dessa forma, segundo Foucault, em clave nietzscheana, o sujeito do conhecimento constitui-se a partir de funções historicamente determinadas por relações de domínio[22]. Há uma suposição aí, como dissemos, contrária ao marxismo acadêmico, aquela suposição que institui a ideologia como um elemento negativo, que perturba a relação do sujeito com a verdade, imposta exteriormente a ele. Trata-se, enfim, no modelo em questão, de considerar que os sujeitos do conhecimento formam-se no solo das relações sociais de poder, onde certos domínios de saber não independem das condições políticas historicizadas.

Dessas relações sociais, daremos relevância à demonstração de que há uma solidariedade fundamental entre a ciência e o modo de constituição do sujeito de direito. Tal solidariedade pode ser expressa na forma como procedem as práticas judiciárias, as quais encontram correspondência na própria estrutura do saber científico. No entanto, tal demonstração deve ser situada a partir dos modelos dessas práticas – maneira pela qual, entre os homens, se arbitram os danos e as responsabilidades –, que, em Foucault, aparecem como uma das formas pelas quais nossa sociedade definiu tipos de subjetividade, formas de saber, relações entre o homem e a verdade.

A partir de tal perspectiva, Foucault estabelece, então, três formas de inquisição da verdade, originárias das práticas jurídicas. Trata-se, mais precisamente, de formas nascidas das deliberações penais, a saber: o inquérito, a prova e o exame.

22 Encontramos toda uma metodologia utilizada no argumento que Foucault desenvolve a partir do modelo nietzscheano. Discriminá-los iria nos desviar de nossos propósitos, mas remetemos o leitor interessado a FOUCAULT. *A verdade e as formas jurídicas*, p. 13-27.

Oposição de modelos na busca da verdade: inquérito e prova.

Há, por um lado, o inquérito *(enquête)*, encontrado na Grécia Antiga, como prática originária na democracia grega, e quase extinta com o fim do Império Romano, que reaparecerá, como forma de pesquisa da verdade no interior da ordem jurídica, no meio da Idade Média. Foi para saber, numa dada situação litigiosa, quem fez o quê, em que condições e em que momento, que o mundo ocidental elaboraria as técnicas mais complexas do inquérito, que, em seguida, teriam a sua utilidade na formação das estruturas fundamentais da ordem científica. O direito de opor "uma verdade sem poder a um poder sem verdade"[23] caracteriza o modo como a verdade passa a ser inquirida a partir do exame direto e indireto dos fatos, independente da posição de quem a reclama ou a opõe. Encontraríamos, pois, nessa prática, a matriz do que se poderia chamar de formas racionais de prova e de demonstração, ou seja, os sistemas racionais e científicos.

Há, por outro lado, em oposição ao inquérito, o sistema da prova (épreuve), encontrado no antigo Direito Germânico, constituído antes da invasão do Império Romano. Esse sistema é muito próximo, em algumas de suas formas, ao Direito Grego Arcaico descrito em Homero. O procedimento do inquérito, na pesquisa da verdade, aí não existia. Os litígios entre os indivíduos eram regulamentados pelo jogo da prova, que visava, em última instância, instaurar o vencedor de um confronto no lugar de quem detém a verdade. Trata-se, assinala Foucault, "de um procedimento, que não permite a intervenção de um terceiro indivíduo que se coloque entre os dois como elemento neutro, procurando a verdade, tentando saber qual dos dois disse a verdade"[24]. O juiz testemunha não sobre o fato ocorrido, mas sobre a regularidade que procede aos jogos, os quais nada mais são do que uma espécie de cerimonial, uma transposição simbólica continuada da situação do conflito: "O direito é a forma ritual da guerra"[25]. Sem opor a guerra à justiça, o velho Direito

[23] FOUCAULT. *A verdade e as formas jurídicas*, p.54.

[24] FOUCAULT. *A verdade e as formas jurídicas*, p. 58.

[25] FOUCAULT. *A verdade e as formas jurídicas*, p. 57.

Germânico viria apenas regulamentar a maneira de ritualização do transcurso do conflito. Assim, prossegue Foucault, "o direito feudal é essencialmente de tipo germânico. Ele não apresenta nenhum dos procedimentos de inquérito, de estabelecimento da verdade das sociedades gregas ou do Império Romano"[26].

Eis um procedimento que as sociedades feudais herdaram do Direito Germânico, para regulamentar os litígios entre dois indivíduos e estabelecer qual estaria com a razão: o sistema da prova, tal qual testemunha a prática dos duelos. Além dessa prática, que determinava o ganhador da luta como o ganhador do processo, sem que lhe fosse pedido que provasse a verdade dc sua pretensão, são comentados por Foucault alguns tipos de prova.

O filósofo descreve, em primeiro lugar, as provas sociais, provas da importância social de um indivíduo[27]. Nesse tipo de prova, a suposta inocência do assassino não estaria posta em prova, o que as testemunhas afirmavam era a importância social do acusado. Havia, em segundo lugar, provas de tipo verbal. Nesse caso, o acusado de algum litígio teria que provar a sua inocência por meio de um jogo verbal, isto é, de um certo número de fórmulas, que seriam invalidadas caso ocorresse um erro gramatical ou uma troca de palavras. Não era a verdade, portanto, aquilo que se pretendia provar. A pessoa que iria pronunciar as fórmulas poderia, inclusive, vir a ser substituída por uma outra, que se tornaria, na história do direito, o advogado. Havia, em terceiro lugar, as velhas provas mágico-religiosas do juramento, cujos resquícios encontramos em nossos tribunais, que até hoje insistem em mantê-las, ao levar a testemunha ou o réu a produzir a verdade mediante juramento sobre a Bíblia. Havia ainda, finalmente, as provas

[26] FOUCAULT. *A verdade e as formas jurídicas*, p. 58.

[27] No velho direito da Borgonha do século XI, comenta Foucault, quando alguém era acusado de assassinato, podia perfeitamente estabelecer a sua inocência reunindo à sua volta doze testemunhas que juravam não ter ele cometido o assassinato. Mas o que essas pessoas testemunhavam era a importância social do acusado e não sua inocência. O que interessava era mostrar a solidariedade que um determinado indivíduo poderia obter, sua influência, a importância do grupo a que pertencia e das pessoas prontas a apoiá-lo em uma batalha ou em um conflito. O juramento não se fundava em um álibi para o pretenso assassino, nem seria a prova da sua inocência. A prova social não era, de forma alguma, o testemunho.

corporais, físicas, chamadas ordálios, que consistiam em submeter o acusado a uma espécie de jogo, em que o seu próprio corpo seria o seu adversário. Dentre os assim chamados ordálios, Foucault relata um ordálio da água, que consistia em amarrar a mão direita ao pé esquerdo de uma pessoa, atirando-a, em seguida, à água. Se ela não se afogasse, perdia o processo, pois se lia aí que a própria água a recusava.

Como vimos, no sistema da prova judiciária feudal, trata-se não da pesquisa da verdade, mas de uma espécie de jogo de estrutura binária que serve para estabelecer que o mais forte é, ao mesmo tempo, quem tem razão. Assim, constata Foucault, "a prova é um operador de direito, uma espécie de *shifter* que permite a passagem da força ao direito"[28].

Foucault ressalta que existe, por um lado, uma instabilidade permanente nesse regime de prova, em razão da fluidez excessiva da fronteira entre o direito e o conflito, na medida em que o direito é uma certa maneira de continuar a guerra. O vencedor de um litígio encontra-se continuamente exposto ao risco de ver transporem-se, para o lado do adversário, os bens que ele havia conquistado no último conflito. Esse acordo situado na fronteira entre o judiciário e o belicoso era uma das maneiras mais frequentes de alguém enriquecer no período da alta Idade Média. Por outro lado, o regime da prova só perderá força a partir do século XII, no momento em que uma maior acumulação de bens veio permitir que se constituísse uma monarquia poderosa o suficiente para impor a estabilidade do que havia sido adquirido. Foucault aponta aí o pano de fundo político, o berço mesmo em que surge o poder judiciário como representante do Estado, exterior aos praticantes do conflito.

Do poder judiciário, recém-surgido, deriva o aparecimento do personagem do procurador como representante, junto à pessoa que se viu lesada pelo dano do poder político. "Este fenômeno, absolutamente novo, vai permitir ao poder político apossar-se dos procedimentos judiciários"[29].

Outro conceito que aparece nesse momento é o de infração. Com ele, a noção de crime vem substituir a velha noção de dano, que se estende, então, para além da esfera individual e passa a ser compreendida

[28] FOUCAULT. *A verdade e as formas jurídicas*, p. 62.

[29] FOUCAULT. *A verdade e as formas jurídicas*, p. 66.

como ofensa à ordem, à lei, ao Estado monárquico; assim como ofensa à sociedade, à soberania e ao soberano. Se a principal vítima de uma infração passa a ser o soberano quando lesado, ele exigirá do culpado a reparação. Daí, vemos surgir o mecanismo das multas. "As monarquias ocidentais foram fundadas sobre a apropriação da justiça, que lhes permitia a aplicação destes mecanismos de confiscação"[30], nos lembra Foucault.

A Europa medieval assiste, então, ao desaparecimento do sistema de práticas judiciárias baseadas na prova, datado do final do século XII e no curso do século XIII. Ao mesmo tempo, estabelece-se o inquérito, em sua versão moderna.

Entretanto, a consolidação da forma jurídica do inquérito não se deu como o resultado de uma espécie de progresso da racionalidade ou refinamento do conhecimento. Antes, deu-se por uma afirmação política do Estado, o qual impôs a necessidade de substituir o poder ritual pelo poder administrativo, constituindo-se, assim, como um processo de governo. Note-se que a estabilidade desse poder exige um processo não mais de provocação, mas de demonstração racional de uma verdade fixa, capaz de resolver uma situação de dano nos casos em que o flagrante delito não se instituiu.

Além dos domínios do exercício do poder, essas práticas jurídicas se difundiram para outras áreas do saber. Encontramos, assim, correspondência do procedimento de prova, que aos poucos tende a desaparecer, na Alquimia Medieval. Segundo Foucault, "pode-se dizer que a Alquimia é uma forma química naturalista da prova"[31], pois nesse procedimento não se trata de fazer um inquérito para saber o que se passa, ou seja, para saber a verdade. "Trata-se essencialmente de um afrontamento entre duas forças: a do alquimista que procura e a da natureza que esconde seus segredos; da sombra e da luz; do bem e do mal; de Satã e de Deus."[32]

Sustentamos, por meio da análise em termos de oposição entre inquérito e prova, com Foucault, que o desaparecimento da Alquimia ocorreu graças ao aparecimento de um saber cuja forma se apresenta

30 FOUCAULT. *A verdade e as formas jurídicas*, p. 67.

31 FOUCAULT. *A verdade e as formas jurídicas*, p. 76.

32 FOUCAULT. *A verdade e as formas jurídicas*, p. 76.

absolutamente nova e constituída fora de seu domínio. Essa nova forma de saber tomou como diretriz a demonstração da verdade fixa. E necessitou, para tal demonstração, de uma fórmula cujo valor é dado pela evidência de transmissibilidade. Portanto, teria o modelo da matriz do inquérito como fundamento. Estamos aí diante da química moderna, que, assim como o saber naturalista, botânico e mineralógico, não obedece ao modelo judiciário da prova.

Do mesmo modo, utilizando a oposição entre inquérito e prova, Foucault analisa a crise da universidade medieval no final da Idade Média. Obedecendo ao modelo da prova, encontramos as célebres *disputatio*, disputas. Trata-se de afrontamentos verbais entre adversários que recorriam a autoridades intelectuais reconhecidas para defender seus argumentos, valendo-se deles não como testemunhos de verdade, mas, simplesmente, pela força da sua autoridade. Essa forma de transmissão de saber, das *disputatio*, opõe-se à moderna investigação científica, em que, essencialmente, autentica-se o procedimento do inquérito, pois a verdade em jogo nessa investigação só pode ser demonstrável na estabilidade de uma fórmula transmissível, independente da autoridade e da força de quem a enuncia.

É à medida que houve o desenvolvimento e a afirmação do Estado monárquico, no final do século XII (época em que o modelo do inquérito, procedimento advindo das práticas jurídicas, tornou-se um tipo de poder administrativo), que se deu o início da extensão desse procedimento a outros domínios do saber como forma geral que os estrutura em relação à constatação da verdade. E, a partir daí, foi possível preparar o terreno para a eclosão dos saberes renascentistas.

Foucault denuncia que a correspondência entre o desenvolvimento das estruturas do Estado e a forma do conhecimento, tal como será formulado mais tarde, nada mais é que o efeito de uma imposição: "é o modelo do inquérito que, à medida em que se desenvolviam as estruturas do Estado, impôs ao saber a forma do conhecimento: a de um sujeito soberano tendo uma função de universalidade e um objeto do conhecimento que deve ser reconhecível por todos como sendo sempre dado"[33].

[33] FOUCAULT. *Microfísica do Poder*, p. 116.

O pensador francês situa mais dois momentos em que houve a incorporação do procedimento jurídico-político do inquérito a uma tecnologia que permitia um inquérito sobre a natureza. O primeiro data das grandes navegações e conquistas marítimas. Trata-se de um momento que exigia não mais instrumentos destinados à localização, aceleração e amadurecimento da verdade provocada; exigia, sim, uma tecnologia de instrumentos destinada à apreensão da verdade em "qualquer tempo" e em "qualquer lugar", por "qualquer um". Daí, podemos verificar a norma universal imposta pelo modelo do inquérito na procura da verdade, que se deixa representar. O segundo momento, com a química e a eletricidade, permitiu que, além de o elemento da verdade poder ser constatado por instrumentos possuidores de função universal, fenômenos fossem reproduzidos por meio de experimentação, num ambiente artificialmente construído para isso. Portanto, trata-se, a partir daí, de fenômenos universalmente constatáveis por todo sujeito do conhecimento.

Desse modelo do inquérito sobre a natureza, o saber médico ausentou-se por um tempo muito maior do que a química e a eletricidade, mantendo-se cativo ao procedimento da prova até o final do século XVIII. Disso testemunha, de forma elaborada, a noção médica de crise, como "o momento da verdade", que se prolongou até essa época. Vejamos a descrição de Foucault: "A crise, tal como era concebida e exercida, é precisamente o momento em que a natureza profunda da doença sobe à superfície e se deixa ver"[34]. E sobre o papel do médico: "Este deve reunir em torno dela (a crise) todas as conjunções que lhe são favoráveis e prepará-la, ou seja, invocá-la e suscitá-la. Mas deve também colhê-la como se fosse uma ocasião, nela inserir sua terapêutica e combatê-la no dia mais propício"[35].

Vemos aí que o procedimento médico em relação à verdade da doença obedece a um ritual de confronto. A ele interessa menos conhecer a verdade do que produzi-la, seguindo uma série de regras que determinam os momentos propícios para a sua intervenção. Como um astrólogo ou um místico, o médico, até o século XVIII, se propõe ao

[34] FOUCAULT. *Microfísica do Poder*, p. 114.

[35] FOUCAULT. *Microfísica do Poder*, p. 114.

confronto da verdade do mal, visando a uma vitória e a um controle; age mesmo sobre um segredo e não busca a descoberta de uma incógnita. Assim, caberia ao hospital do século XVIII uma dupla função: servir como lugar de observação e contemplação e, ao mesmo tempo, tal qual um campo destinado à prática dos duelos medievais, criar as condições para que a verdade apareça na crise, para que haja o confronto e para que seu destino seja selado - favorável ou desfavorável.

Pasteur e o estabelecimento do modelo do inquérito na natureza

O modelo do inquérito somente se estabeleceu definitivamente na medicina após os trabalhos biológicos de Pasteur, que, por meio da determinação do microorganismo como o flagrante delito causador da morbidade, dispôs a doença como realidade à parte do hospital e do médico. O desaparecimento da prova só pôde acontecer quando se instituiu, assim como a química lograra alguns séculos antes, o laboratório como lugar ideal da produção da verdade na sua representação, possibilitando ao sujeito do conhecimento o controle e a apreensão universal. Ao isolar o micróbio causador da doença, Pasteur demonstra que ao médico não cabia provocar a crise para suscitar a verdade da doença, e denuncia que, por ignorá-la, doença agia como elemento de contaminação e contágio. Assim descreve Foucault: "O meio hospitalar não tem mais que ser para a doença o lugar favorável para um acontecimento decisivo. Ele permite simplesmente uma redução, uma transferência, um aumento, uma constatação. A prova se transforma em teste na estrutura técnica do laboratório e na representação do médico"[36].

Enquanto a clínica médica, a partir do século XIX, empenhava-se em estabelecer as demonstrações dos processos mórbidos, correlacionando-os às etiologias advindas do desenvolvimento das técnicas laboratoriais de biologia e anatomia patológica, a psiquiatria, ainda por um período mais longo que a clínica médica, mantinha-se cativa de uma suscitação da verdade, mediante os rituais de provocação e

[36] FOUCAULT. *Microfísica do Poder*, p. 120.

combate, derivados do procedimento jurídico-político da prova. Assim, cabia ao alienista do século XIX aplicar os tratamentos concebidos à base de punições e recompensas, tal qual o médico anterior a Pasteur, que produzia a verdade da doença no afã de seu combate, ao invés de demonstrá-la como uma realidade à parte.

A prática do internamento psiquiátrico ainda continuou sendo, no começo do século XIX, o momento em que a loucura era percebida menos com relação ao erro do que com relação à conduta regular e "normal". Ou seja, nesse momento a loucura aparece menos como julgamento perturbado do que como uma desordem na maneira de agir, de sentir paixões e de ser livre. Existem alienados, escreve Foucault, citando Esquirol, "cujo delírio é quase imperceptível; não existe um no qual as paixões, as afeições morais, não sejam desordenadas, pervertidas ou anuladas... A diminuição do delírio só é um sinal efetivo de cura quando os alienados retornam às suas primeiras afeições"[37].

Dessa maneira, a concepção do movimento de cura estaria menos do lado de uma dissipação do erro do que da "volta às afeições morais dentro de seus justos limites"[38]. Daí, certamente, o fato de o asilo do século XIX ter a mesma dupla função dos hospitais clínicos do final do século XVIII. Uma delas trata de favorecer o desvelamento da verdade para permitir a descoberta e a classificação da doença mental, afastando tudo aquilo que, no meio do doente, possa mascará-la; a outra função, sobreposta à constatação da doença, delimita o asilo como lugar de confronto. Trata-se, pois, de um lugar de batalha onde se opõem a vontade perturbada e a paixão pervertida da loucura à vontade reta do médico. Durante esse processo de dominação, prossegue Foucault, citando Esquirol, "deve-se aplicar um método perturbador, quebrar o espasmo pelo espasmo"[39] com o fim de "subjugar todo o caráter de certos doentes, vencer suas pretensões, domar seus arroubos, quebrar seu orgulho, ao passo que se deve excitar e encorajar os outros"[40].

[37] FOUCAULT. *Microfísica do Poder*, p. 121.

[38] FOUCAULT. *Microfísica do Poder*, p. 121.

[39] FOUCAULT. *Microfísica do Poder*, p. 122.

[40] FOUCAULT. *Microfísica do Poder*, p. 122.

Assim como no hospital de Esquirol, no de Charcot também a "função de produção de verdade se hipertrofia"[41]. Charcot, que recebe o título de "taumaturgo da histeria" no escrito de Foucault, é, certamente, o personagem mais simbólico desse tipo de funcionamento, pois, por meio da sugestionabilidade e da hipnose, "produzia efetivamente a crise de histeria que descrevia"[42], em vez de tratá-la.

A substituição, no domínio do saber psiquiátrico, do modelo ritual da prova pela prática do inquérito científico da verdade poderia talvez ter sido iniciada antes, conforme observa A. Teixeira[43], se os resultados do trabalho de Bayle sobre a paralisia geral progressiva não tivessem sido tão unanimemente rechaçados em sua época. Já em 1822, Bayle descreve um processo de aracnoidite crônica presente no cérebro de muitos pacientes asilares que apresentavam sífilis terciária. Com isso, estabelece a etiologia de um processo mórbido, reunindo, no interior da evolução temporal dessa única entidade mórbida, uma série de sintomas até então dispersos. Bayle opõe-se, assim, a seus antecessores, como Pinel e Esquirol, os quais classificavam os comprometimentos mentais por agrupamentos de sintomas em quadros sindrômicos, mas sem lhes atribuir, em suas descrições clínicas, algo como uma evolução temporal de uma única entidade nosológica.

A descoberta de Bayle viria provocar o que Paul Bercherie descreve como sendo o início mesmo da nosologia psiquiátrica clássica e causaria a "reviravolta completa na ciência das doenças mentais"[44]. Essa verdadeira "façanha epistemológica" fornecida pelo modelo da Paralisia Geral Progressiva (rechaçada pelos seus contemporâneos) não logrou estabelecer o modelo do inquérito na psiquiatria, como veremos a seguir, mesmo tendo influenciado, meio século mais tarde, os trabalhos dos maiores clássicos, como Kahlbaum e Kräepelin, e mesmo servindo de matriz para a corrente chamada clínica evolutiva.

[41] FOUCAULT. *Microfísica do Poder*, p. 122.

[42] FOUCAULT. *Microfísica do Poder*, p. 123.

[43] TEIXEIRA, A. "A questão do diagnóstico na psiquiatria e na psicanálise", conferência inédita pronunciada no dia 08 de abril de 1999, no Centro Científico Cultural Rodrigo Teixeira Salles, do Hospital Galba Veloso, FHEMIG, Belo Horizonte.

[44] BERCHERIE. *Os Fundamentos da Clínica*, p. 83.

2.3 – O modelo do exame: fundamento normativo dos saberes disciplinares

Haveria, no século XIX, conforme nos guia a lanterna de Foucault[45], uma outra forma derivada das práticas judiciárias, penais, chamada de exame *(examen)*. Tal forma de análise deu origem às ciências ditas humanas como a Sociologia, a Psicologia, a Psicopatologia, a Criminologia e a Psicanálise[46], dentre outras. Essas disciplinas nasceram em ligação direta com um certo número de controles sociais e políticos, no momento da formação da sociedade capitalista. À maneira das ciências naturais, estruturadas conforme o modelo jurídico do inquérito, as ciências humanas emergiram e corresponderam ao modelo do exame, que tem sua origem na "sociedade disciplinar", nome dado por Foucault para designar a sociedade contemporânea.

Esse modelo – modelo do exame – estaria fundado em um fato que tem dois lados aparentemente contraditórios: a reforma e a reorganização do sistema judiciário-penal nos diferentes países da Europa e do mundo. Assim temos, por um lado, a reelaboração teórica da lei penal, que pode ser encontrada em Beccaria, Bentham, Brissot e em legisladores: autores do 1º e do 2º Código Penal francês da época revolucionária. Por outro lado, percebemos, com Foucault, que houve um desvio do sistema de penalidades adotado pelas sociedades industriais em vias de formação, um desvio desses mesmos princípios teóricos elaborados poucos anos antes.

Podemos resumir em três os princípios que fundamentam o sistema teórico da lei penal estabelecido por esses autores. O primeiro define o crime ou, mais tecnicamente, a infração como não pertencente ao conjunto das faltas morais ou religiosas. "A falta é uma infração à lei natural, à lei religiosa, à lei moral. O crime ou a infração penal é a ruptura com a lei, lei civil explicitamente estabelecida no interior de uma sociedade"[47]. Portanto, só podem sofrer punição, segundo esses

[45] FOUCAULT. *A verdade e as formas jurídicas*, p. 79-126.

[46] Apesar de Foucault considerar a psicanálise parte do programa disciplinar, veremos, mais adiante, que a psicanálise vai diferenciar-se desde seus fundamentos.

[47] FOUCAULT. *A verdade e as formas jurídicas*, p. 80.

teóricos, as condutas repreensíveis pela lei. O segundo princípio define a positividade das leis como utilidade social: "Uma lei penal deve simplesmente representar o que é útil para a sociedade. A lei define como repreensível o que é nocivo à sociedade, definindo assim negativamente o que é útil"[48]. O terceiro princípio é deduzido dos dois primeiros e define claramente o crime: "O crime não é algo aparentado com o pecado e com a falta"[49], não diz respeito à moralidade individual, mas a um "dano à sociedade". A definição do criminoso, por conseguinte, será: aquele que danifica a sociedade; "aquele indivíduo que rompeu no interior da sociedade o pacto que havia teoricamente estabelecido"[50].

Seguindo os princípios positivos que definem o crime e seu autor, cabe, portanto, à lei penal apenas permitir a reparação do dano causado à sociedade, e impedir que males semelhantes possam ser cometidos contra o corpo social. Daí decorrem, para esses teóricos apontados por Foucault, as punições que se agrupam em quatro tipos distintos. Primeiramente, a punição ideal para quem rompe o pacto de uma sociedade é o exílio, a deportação. A segunda possibilidade seria uma exclusão no próprio local, expressa na humilhação e na vergonha de quem cometeu uma infração. A terceira punição é a reparação do dano social, por meio de trabalhos forçados, especialmente úteis à sociedade. E a quarta pena é a chamada pena de talião: mata-se quem matou, tomam-se os bens de quem roubou etc..

Prisão: saldo disciplinar de controle e correção

Esses precisos projetos de penalidades foram substituídos por um outro que apenas era mencionado de forma marginal por alguns teóricos: a prisão. Foucault denuncia que esse tipo de penalidade, generalizada no século XIX, surge como uma instituição de fato quase sem justificação teórica, desviando-se, assim, do programa proposto

48 FOUCAULT. *A verdade e as formas jurídicas*, p. 81.

49 FOUCAULT. *A verdade e as formas jurídicas*, p. 81.

50 FOUCAULT. *A verdade e as formas jurídicas*, p. 81.

de utilidade social: "Ela não procurará mais o que é socialmente útil, mas, pelo contrário, procurará ajustar-se ao indivíduo"[51].

A ideia de uma penalidade que procura corrigir aprisionando nasceu paralelamente à justiça, fora da justiça; é de cunho policialesca e remonta a uma prática dos controles sociais. Ao contrário do modelo jurídico do inquérito – que teve origem no século XII, a partir da posição mais alta da hierarquia do poder com a formação dos Estados monárquicos, como descrevemos anteriormente –, as práticas de controle e defesa social originaram-se nas camadas relativamente baixas da escala social, sem nenhuma delegação de um poder superior. Vemo-las surgir em agrupamentos espontâneos de pessoas que, ao se associarem, atribuíam-se a tarefa de manter a ordem e de criar instrumentos para assegurá-la.

Foucault descreve o exemplo dessas organizações na Inglaterra, subdividindo-as em quatro categorias. A primeira apresentava uma ideologia profundamente religiosa, dissidente do anglicanismo – os *quakers* ou os metodistas. Tratava-se de grupos de vigilância espontânea que se imbuíam da tarefa de dar assistência aos que não podiam trabalhar: enfermos, velhos etc.. Concomitantemente, eles se reservavam o direito de observar as condições motivadoras: se a miséria era fruto da devassidão, de bebedeiras ou outros fatores similares. Assim como os *quakers*, uma segunda categoria, já em fins do século XVII e no século XVIII, englobava sociedades que se inspiravam no funcionamento moral, embora algumas fossem um pouco mais laicizadas. Dedicavam-se à reforma das maneiras (do comportamento, da conduta), como foi o caso da Sociedade para a supressão do Vício, que tinha como objetivo fazer respeitar o domingo, introduzir ações na justiça contra a má literatura (licenciosa e obscena), fechar casas de jogos e de prostituição. Em uma terceira categoria, ainda no século XVIII, na Inglaterra, encontramos os grupos de autodefesa, de caráter paramilitar. Sem apoio ou com apoio lateral do poder, ainda com forte conotação religiosa, esses grupos tinham a função de fazer reinar a ordem em uma região. Havia, finalmente, uma quarta categoria: as sociedades propriamente econômicas. Essas sociedades organizavam

[51] FOUCAULT. *A verdade e as formas jurídicas*, p. 84.

as polícias privadas destinadas a defender seus próprios patrimônios dos pequenos ladrões.

A vontade de fazer reinar a ordem, característica comum desses dispositivos de controle social, era, como denuncia Foucault, no fundo, "uma forma de escapar ao poder político" penal do Estado, constituindo, então, "um código de autodefesa penal"[52]. Trata-se, portanto, de mecanismos de defesa contra a autoridade penal oficial, autoridade que instituía uma legislação penal aterrorizadora. Por exemplo, a legislação estabelecia a forca como pena em mais de 300 casos. Contudo, no decorrer do século XVIII, houve um "deslocamento social" dos grupos que constituíam a autodefesa penal, os quais passaram a ser encampados pelo poder estatal, tornando-se um reforço do poder da própria autoridade penal. "Tem-se assim um deslocamento da moralidade à penalidade"[53].

Apesar de o processo francês ter ocorrido de forma diversa do inglês, observa-se, também na França – país que possuía, até então, um Estado monárquico muito forte –, um duplo apoio do instrumento judiciário. Além dos parlamentares, das cortes e de todos os meios que sustentavam um instrumento judicial clássico, encontrava-se um aparelho para-judiciário: a polícia, que, por sua vez, possuía fortes edificações como a Bastilha, as grandes prisões e um instrumento institucional repressivo chamado de *lettres-de-cachet*. As *lettres-de-cachet* eram dispositivos de controle, de certa forma espontâneos, que a sociedade exercia sobre si mesma. Tratava-se de uma ordem do rei, concernente a uma pessoa, obrigando-a a fazer alguma coisa; entretanto, não era uma lei nem um decreto. As *lettres-de-cachet* podiam ser solicitadas por um indivíduo ou por pequenos grupos ao intendente real, que, após um inquérito para obtenção de justificativas, expedia a ordem do rei. Vê-se, então, que constituíam um instrumento arbitrário, seja de repressão às condutas de imoralidade (devassidão, adultério, bebedeiras), seja de sanção relativa a condutas religiosas julgadas perigosas ou a conflitos trabalhistas. E, na maioria das vezes, ela funcionava como um instrumento de punição. Registra-se tal fato

52 FOUCAULT. *A verdade e as formas jurídicas*, p. 92.

53 FOUCAULT. *A verdade e as formas jurídicas*, p. 93.

na exclusão e reclusão dos desatinados nos Hospitais Gerais na época do Grande Internamento. Nesses casos, a punição resultava na prisão do indivíduo para sempre, ou até que houvesse uma correção de seu comportamento.

Ao termo dessa digressão sobre os sistemas de penalidades judiciários, e sobre os controles sociais para-judiciários inglês e francês dos séculos XVII e XVIII, poder-se-ia dizer, com Foucault, que "a reclusão do século XIX é uma combinação de controle moral e social, nascido na Inglaterra, com a instituição propriamente francesa e estatal da reclusão em um local, em um edifício, em uma instituição, em uma arquitetura"[54]. Entretanto, esse fenômeno de reclusão que aparece no século XIX, originado da combinatória dos sistemas inglês e francês, apresenta-se como uma novidade em relação a ambos. E, nessa diferença, conforme descreveremos a seguir, reside a ideia fundamental do modelo do exame.

Como vimos, no modelo de controle e vigilância inglês do século XVIII, era o fato de um indivíduo pertencer a um grupo que fazia com que ele pudesse ser vigiado. Já no século seguinte, após uma certa estatização e deslocamento social das estruturas de controle, será justamente o fato de tratar-se de um indivíduo que fará com que ele se encontre alocado em uma instituição. Instituição essa que constituirá o grupo, a coletividade a ser vigiada. É a estrutura de vigilância (e aqui cabe tanto a prisão quanto o hospital, a escola, a oficina etc.) que, "chamando para si os indivíduos, tomando-os individualmente, integrando-os, vai constituí-los secundariamente enquanto grupo"[55].

No modelo francês de reclusão – contrariamente ao que se observa no século XVIII, com a exclusão indiferenciada da marginalidade no Grande Internamento –, as instituições, no século XIX, teriam por finalidade a fixação dos indivíduos. Ou seja, mesmo se o efeito dessas instituições era a exclusão do indivíduo, elas teriam, como finalidade principal, incluí-lo e fixá-lo em um aparelho de "normalização" dos homens.

Encontramos aí, nas práticas judiciárias da passagem do século XVIII para o século XIX, o germe do modelo que viria marcar toda a

54 FOUCAULT. *A verdade e as formas jurídicas*, p. 112.

55 FOUCAULT. *A verdade e as formas jurídicas*, p. 113.

nossa sociedade, caracterizada pelo afastamento, até certo ponto, do eixo que aponta para uma anterioridade, tida como universalidade da lei que ordena uma sociedade, a favor de uma espécie de individualização, um ajustamento, no que concerne ao indivíduo, ao nível de suas virtualidades.

Com a tendência do ajustamento individual da pena, toda a penalidade que, anteriormente, preocupava-se com o aquilo que havia sido feito pelos indivíduos (se esses atos estavam ou não em conformidade com a lei) passa a priorizar, por meio dos mecanismos de controle, o nível das condutas (o que os indivíduos podem fazer, o que são ou serão capazes e estão sujeitos a fazer).

Assim, contrariando toda a teoria penal estabelecida previamente, nasce, com a criminologia do século XIX, a noção de periculosidade. A noção de periculosidade significa que o indivíduo deve ser considerado pela sociedade segundo suas virtualidades, segundo aquilo que seu comportamento representa, e não segundo seus atos ou infrações efetivas.

A era do "panopticismo generalizado"

Nasce, enfim, a era do controle social, e, com ela, vemos decair o atributo da justiça de punir as infrações dos indivíduos, em prol de uma vigilância ininterrupta, cuja função encerra uma pretensa reforma e transformação desses indivíduos. A composição dessa sociedade ortopédica é inspirada no modelo arquitetônico do *Panopticon* de J. Bentham[56].

Apesar de Bentham apresentá-lo como uma instituição particular, bem fechada em si mesma, o Panóptico, ao contrário, ressalta Foucault,

[56] Essa figura arquitetural, da qual se vale Foucault para descrever o modo com que o poder é exercido na sociedade contemporânea, foi projetado por Bentham, que previu a sua utilização por diversas instituições. Trata-se de uma edificação em forma de anel, em cujo meio havia um pátio e uma torre central. O anel se dividia em pequenas celas que dava tanto para o interior quanto para o exterior, o que permitia à luz atravessar toda a cela. Em cada uma dessas pequenas celas, havia, segundo o objetivo da instituição, um escolar, um louco, um operário, um prisioneiro etc.. Por não haver, na cela, um ponto de sombra sequer, esse dispositivo permitia que o indivíduo estivesse exposto ao olhar ininterrupto de um vigilante localizado na torre, da qual era possível ver tudo sem que ninguém pudesse vê-lo. Cf. FOUCAULT. *A verdade e as formas jurídicas*, p. 87.

"deve ser compreendido como um modelo generalizável de funcionamento; uma maneira de definir as relações do poder com a vida cotidiana dos homens"[57]. No panopticismo disciplinar, não se trata de demonstrar uma verdade ou reconstituir um acontecimento ocorrido, como no caso do inquérito, mas almeja-se aquilo que Foucault designa por exame: a vigilância ininterrupta do indivíduo e, principalmente, a constituição de um saber a respeito dele. "O exame combina as técnicas da hierarquia que vigia e as da sanção que normaliza. É um controle normalizante, uma vigilância que permite qualificar, classificar e punir."[58]

Ao contrário do inquérito – que se originou de um modelo político-jurídico, mas conseguiu dele se destacar para constituir a matriz das ciências da natureza –, o exame continua preso à tecnologia disciplinar. Testemunhamos, a partir daí, a abertura para a possibilidade de que as ciências do indivíduo (e não mais da espécie) viessem a se constituir. Para isso, a tecnologia disciplinar desenvolveu a formalização qualitativa e quantitativa do individual e inventou a forma documentária do registro de casos individuais. A fabricação dessa realidade fictícia, que o indivíduo representa na sua unidade tendo como referência a norma, somente tornou-se possível com a vigilância e a observação, sob o controle de um saber disciplinar permanente, tal e qual o modelo arquitetural do Panóptico. Assim sendo, é possível levantar sobre esse objeto-indivíduo traços da sua singularidade, capacidades próprias, comportamento etc.. Utilizando-se um sistema comparativo, podem-se estimar seus desvios: classificá-los, fixá-los e ordená-los em suas multiplicidades.

2.4 – O problema da norma

Antes de formalizar toda uma série de implicações advindas da era normativa, abriremos, aqui, um parêntese para o qual pediríamos a paciência do leitor. Com esta digressão, gostaríamos de dar continuidade ao estudo do problema da norma, o qual foi iniciado por meio da exposição do procedimento do exame nas sociedades disciplinares. Trata-se de um desvio momentâneo, guiado pela necessidade de delimitar o tempo

57 FOUCAULT. *Vigiar e punir*, p. 170.

58 FOUCAULT. *Vigiar e punir*, p. 154.

histórico no qual o termo "norma" (termo que sofreu um verdadeiro descaminho desde sua origem) pôde estabelecer o conjunto de uma polêmica ficção: o "normal", o "anormal" e o "patológico". Sobretudo, pretendemos obter maior esclarecimento a respeito das propriedades e fundamentos que se encontram em jogo e no jogo. Assim, ao fim deste percurso, almejamos obter elementos capazes de ajudar, num momento ulterior, a verificar a viabilidade de nossa proposta que aqui já vai se delineando. Ou seja, o que está em questão é saber se estamos autorizados a propor que a noção de "normal" assim como suas derivações, "anormal" ou "patológico", não seriam nada além de meras ou verdadeiras ficções. Sim, ficções, e não um conjunto dado *a priori* pela natureza. Sendo assim, o que nos impediria de propor, em contraposição, ou melhor, paralelamente às construções existentes, outras novas ficções jurídicas sobre a responsabilidade na psicose?

Notemos que, a partir da modernidade, a universalidade da lei será contraposta à pretensa individualidade da norma. Doravante, será a norma aquela que, em detrimento da lei, controlará a vida em sociedade. Estaríamos, a partir daí, autorizados a dizer que esse processo conduzirá irremediavelmente a um declínio do Direito? Ou ainda, seria possível pensar em um Direito articulado à norma? E mais, qual seria a consequência de uma norma que age em detrimento da lei?

Em *História da sexualidade I:* a vontade de saber, Foucault menciona o "jogo da norma", em contraposição ao "sistema jurídico da lei". Esse último estaria associado ao direito do soberano (o imperador) sobre o corpo do súdito; com ele, poder-se-ia chegar às escalas da morte. Já a norma, ao contrário, estaria associada a um tempo em que o poder toma como objeto a "vida", ou seja, a era do *biopoder*. Esse tempo, por sua vez, caracterizar-se-ia pela administração dos corpos por meio dos sistemas de controle e gerenciamento da vida das populações. Numa palavra, trata-se aí de tudo aquilo que dá forma a uma *biopolítica*. Ouçamos atentamente o que diz Foucault:

> Já não se trata de pôr a morte em ação no campo da soberania, mas de distribuir os vivos em um domínio de valor e utilidade. Um poder dessa natureza tem de qualificar, medir, avaliar, hierarquizar mais do que se manifestar em seu fausto mortífero;

não tem que traçar a linha que separa os súditos obedientes dos inimigos do soberano, opera distribuições em torno da norma.[59]

Em seguida, quanto ao declínio da lei, Foucault conclui:

> Não quero dizer que a lei se apague ou que as instituições de justiça tendam a desaparecer; mas que a lei funciona cada vez mais como norma, e que a instituição judiciária se integra cada vez mais num contínuo de aparelhos (médicos, administrativos, etc.) cujas funções são sobretudo reguladoras. Uma sociedade normalizadora é o efeito histórico de uma tecnologia de poder centrada na vida.[60]

Notemos que a página lida, página que Foucault arremata já no final de sua obra, foi objeto de um consistente comentário elaborado por François Ewald em *Foucault, a Norma e o Direito.* Nesse livro, o autor atualiza uma leitura transversal do tema na obra de Foucault; outorga-nos, por essa via, subsídios para pensar no funcionamento de uma sociedade que possui o sistema de direito referenciado na norma. Os termos de Ewald vêm atestar a seguinte passagem: "A 'regressão jurídica' que caracteriza a escalada do biopoder, o facto de os mecanismos de poder que os caracterizam já não poderem ser representados na forma de lei, não significa necessariamente um desaparecimento do direito"[61].

De fato, a norma viria estabelecer - em proveito das relações horizontais de defesa e regulação social - aquilo que seria abolido a partir de sua ascensão; aquilo que, no Direito, caracterizaria os jogos de relações verticais de soberania.

Mas, afinal de contas, o que é possível abarcar com o termo "norma"? Recorramos aqui a *O normal e o patológico* de Georges Canguilhem para buscar esclarecimentos sobre a origem do termo, sobre as mudanças concernentes ao seu emprego na modernidade e sobre os seus desígnios nos dias atuais. Ouçamos, pois, Canguilhem: "Quando se sabe que *norma* é a palavra latina que quer dizer esquadro e que *normalis* significa perpendicular, sabe-se praticamente

[59] FOUCAULT. *História da sexualidade I*, p. 135.

[60] FOUCAULT. *História da sexualidade I*, p. 135.

[61] EWALD. *Foucault, a norma e o direito*, p. 78.

tudo sobre o que é preciso saber sobre o terreno de origem do sentido dos termos norma e normal, trazidos para uma grande variedade de outros campos"[62].

Nesse contexto, é possível observar que, de acordo com a origem técnica do termo, "norma" apenas designava o instrumento capaz de traçar ângulos retos. Sim, continuemos com Canguilhem: "Uma norma, uma regra, é aquilo que serve para retificar, por de pé, endireitar"[63]. Daí, um passo além: o termo será retomado metaforicamente, designando agora a regra do Direito, mas sempre a partir de uma concepção de regularidade arquitetural da natureza. Ou seja, trata-se de uma compreensão da natureza "como norma da lei" *(norma legis)*.

Assim, como sinônimo de regra até o final do século XVIII, a "norma" prosseguirá o seu longo percurso. Porém, a partir do início do século XIX, tal termo sofrerá uma singular alteração. "Norma" já não será um outro nome para regra, antes designará, ao mesmo tempo e num só golpe, um certo tipo de regra, uma forma de produzi-la e, sobretudo, um princípio de valorização de si mesmo, em detrimento da importância da universalidade e da anterioridade da lei. Conforme denuncia Ewald: "É certo que a "norma" designa sempre uma medida que serve para apreciar o que é conforme à regra e o que dela se distingue, mas esta já não se encontra ligada à idéia de rectidão; a sua referência já não é o esquadro, mas a média"[64]. A "norma" viria, assim, assumir uma lógica própria.

A pesquisa de Ewald ainda vem atestar um considerável alargamento da significação do termo para além de seu declínio como "normal", como "normalidade" (desde 1834), "normativo" (desde 1868) e "normalização" (desde 1920). Tal alargamento implica uma multiplicidade de domínios técnicos e econômicos.

Vale salientar, ainda, que cada uma das declinações acima se encontra relacionada a um certo conjunto de práticas estabelecido na modernidade, o qual sempre se ordena pela mesma lógica: a moderna lógica da norma. Essa "ordem normativa", que caracteriza a sociedade

62 CANGUILHEM. *O normal e o patológico*, p. 211.

63 CANGUILHEM. *O normal e o patológico*, p. 211.

64 EWALD. *Foucault, a norma e o direito*, p. 79.

moderna, pode obedecer a diferentes esquemas: esquema panóptico das disciplinas (vide descrição no início do capítulo), esquema probabilista das seguranças e esquema comunicacional da norma técnica.

Vejamos, então, algumas características de tal lógica. E logo notaremos: ela veio para ficar. Primeiramente, no âmbito da normalização técnica, observa-se que, seja qual for o domínio técnico em questão, os valores não podem mais ser universais nem definidos *a priori*, mas encontrarão a sua definição em um processo de comparação incessante, regulamentado por uma normalização cujo critério será sempre o equilíbrio e a medida comum negociada entre as partes. Portanto, para que se institua o critério baseado na medida comum, deve-se esclarecer a principal função da normalização: estabelecer um princípio de comunicação, uma linguagem comum de códigos que permita a comunicação entre instituições afins. Vejamos, nas palavras de Ewald, como a especificidade dessa linguagem se dá: "As normas de linguagem servem para descrever as normas metrológicas, as quais, por sua vez, servem para formular as normas de qualidade"[65].

Observa-se, assim, que, em um processo de normalização, cada uma dessas normas concorre, solidariamente, e não independente, com as outras. Isto é, não poderia nunca existir norma isolada: "só uma norma pode dar valor normativo a outra norma"[66]. Portanto, para que uma norma exista, parece ser necessário que uma outra lhe seja anterior.

Contudo, observemos o paradoxo que agora temos em jogo: embora a lógica estabelecida assuma o perfil não totalitário – marca das sociedades capitalistas –, ela já não deixa a ninguém a possibilidade de se libertar. Assim, a norma saberá se apresentar, assumindo a função de gerar consistência ao discurso da modernidade. Entretanto, a ordenação não se dará pelo constrangimento do grupo sobre cada indivíduo. Contrariamente, tratar-se-á de permitir a cada indivíduo reivindicar a sua própria individualidade, pois, "por mais forte que possa reivindicar-se, ele (o indivíduo) nunca escapará à medida co-

65 EWALD. *Foucault, a norma e o direito*, p. 102.

66 EWALD. *Foucault, a norma e o direito*, p. 107.

mum"[67]. A norma é, nada mais nada menos, a unidade de medida, conforme nos indica Ewald: "uma pura relação sem suporte"[68].

Diríamos, então, que essa elaboração foucaultiana retomada por Ewald sobre o normativo (conjunto de práticas da igualdade e medida comum) permite compreender como ainda permanece possível a comunicação, apesar da dispersão e do afrontamento de valores que, desde os primórdios dos oitocentos, caracteriza a vida das sociedades e as relações entre Estados, numa conjuntura marcada, portanto, pelo fim do universal.

Um protesto pela lei soberana, ou resgate ao Pai, por Pierre Legendre

Caberia, nesse regime da norma, um protesto saudosista e reivindicativo para restaurar a lei soberana como princípio universal? Constatando as mudanças que indicam um certo declínio da lei, o historiador do Direito e jurista francês Pierre Legendre identifica, dentre os riscos gerados pela perda das funções clássicas do Estado, uma fuga em direção ao niilismo. Podemos assim ler em Legendre: "hoje em dia, cada um pode fabricar sua razão uma vez que prevalece a fantasia, e o direito não é mais do que uma máquina registradora de práticas sociais"[69].

67 EWALD. *Foucault, a norma e o direito*, p. 109.

68 EWALD. *Foucault, a norma e o direito*, p. 109.

69 LEGENDRE. Entretien. In: *Le Monde*, 22/10/2001. As críticas de Legendre, de acordo com Patoux-Gueber, podem ser classificadas segundo dois critérios: deve-se "instituir o pai" e deve-se "impedir o pai instituído de desistir", dificultando, por exemplo, sempre que possível, a contestação de paternidade. Constata-se que, contrariando os sinais dos tempos modernos, esse jurista defende uma restauração da função do ordenamento jurídico. Essa restauração pretende recuperar um regime em que haja a assimilação das leis: simbólica e legal; reafirma "o ritual do pai" como "Referência fundadora" à maneira do Direito Romano. In: PATOUX-GUERBER. "Juizes para salvar o pai?". Indicamos, também, o texto de autoria de Jean-Claude Maleval: "Parricídio e forclusão do Nome-do-Pai". Nesse texto, Maleval analisa o livro de Pierre Legendre, *O crime du caporal Lortie*, e tece críticas contundentes à leitura que Legendre faz do crime de Lortie; principalmente à ideia dos "novos assassinos", produto de nosso tempo, os quais Legendre assimila à "doença de identidade dos tempos modernos", gerada pela "rarefação do pai em nossas sociedades". Maleval ainda critica a leitura que Legendre faz do parricídio de

Por conseguinte, não seria possível fazer meia-volta nem lamentar a "Idade do ouro" passada. Cabe-nos seguir aprofundando um pouco mais sobre alguns aspectos da norma. Então, servindo-nos dos elementos expostos acima sobre a lógica da norma, estaríamos em condições de compreender como essa lógica pôde produzir um Direito, cuja prática é marcada pelo afastamento de uma referência anterior tida como universal: o Direito Social.

Direito Social: tributário do ordenamento da norma

Cabe ressaltar aqui que esse Direito – o Direito Social – oferece, dentre outras, uma característica notável: o fato de não ser ordenado no interior do modelo da lei, porquanto, se o fosse, a lei continuaria a ser vontade do soberano. Numa ordem normativa, ninguém pode ter a pretensão de ser sujeito da enunciação da norma. Essa, por sua vez, é o acontecimento de todos, sem que ninguém o tenha almejado explicitamente. Portanto, a norma abole, no Direito, como dirá Ewald, "o jogo das relações verticais de soberania, em proveito de relações horizontais de defesa social"[70].

Assim, numa ordem normativa, faz-se necessário que toda a sociedade funcione conforme a lógica da norma, ultrapassando o limite restrito ao Direito tido como social. Nessa sociedade, conforme nos lembra Foucault, "a instituição judiciária se integra cada vez mais num contínuo de aparelhos (médicos, administrativos, etc.) cujas funções são sobretudo reguladoras"[71]. Para tanto, é preciso que esses aparelhos – dedicados à tarefa de normalização dos homens – se integrem, não apenas por meio da linguagem comum que institui normas técnicas mas também no nível linguístico, incluindo aí a sintaxe. Trata-se, pois, da integração numa mesma lógica: uma lógica que produz regras de juízo.

Lortie a partir de um "princípio genealógico" para justificar, segundo ele, a lógica envolvida na especificidade da passagem ao ato psicótico. Retomaremos esse texto mais adiante.

70 EWALD. *Foucault, a norma e o direito*, p. 110.

71 FOUCAULT. *História da sexualidade I*, p. 135.

Clínica Médica: ficção normalizadora da vida

Por um certo ângulo, vimos que o Direito Social é o herdeiro de uma faceta jurídica relacionada ao "jogo da norma". Focalizemos, agora, um outro ângulo: o da medicina, enquanto aparelho integrado às práticas judiciárias, ocupada com a tarefa de normalização da vida. Tal enfoque será guiado pela proposta de iluminar o processo de criação das ditas ficções: "normal", "anormal" e "patológico". Ora, lembremo-nos de que essas ficções não se restringem a dados anteriores encontrados na natureza, mas que, contrariamente, só se tornaram possíveis graças à contiguidade dos aparelhos inseridos na lógica normativa. Para isso, sejamos, pois, guiados pelo pensamento de Georges Canguilhem.

Em *O normal e o patológico*, Canguilhem afirma que a norma não reenvia a uma natureza cujas constantes ela exprimiria, mas a um processo de "valorização" que traduz a maneira como o ser vivo se orienta no seu meio ambiente: "é que a vida não é indiferente às condições nas quais ela é possível, que a vida é polaridade e, por isso mesmo, posição inconsciente de valor, em resumo, que a vida é, de fato, uma atividade normativa"[72]. Não esqueçamos o que se entende por "normativo": qualquer julgamento que aprecie ou qualifique um fato em relação a uma norma. Também não esqueçamos que, a partir da modernidade, o "normativo" se estendeu e passou a estabelecer as regras de juízo por meio do conjunto de práticas de igualdade, referenciadas na medida comum. Canguilhem nos alerta que a natureza da qual se trata aqui (aquela que comporta o "normativo") é exatamente o contrário da natureza indiferente da física moderna ou da química. Em seus termos: "Existe patologia biológica, mas não existe patologia física, nem química, nem mecânica"[73]. Trata-se, portanto, de uma natureza que não desconhece o critério da polaridade. Nesse sentido, propõe-se falar sobre uma "normatividade biológica".

Haveria, em suma, segundo esse autor, uma necessidade de distinguir entre as "normas bio-fisiológicas" e "normas patológicas", pois não são da mesma natureza. É a confusão entre elas que gera o

[72] CANGUILHEM. *O normal e o patológico*, p. 96.

[73] CANGUILHEM. *O normal e o patológico*, p. 97.

equívoco de situar o "patológico" como "anormal", e ambos como pertencentes ao campo natural. Confusão essa, aliás, expressa desde a etimologia relativa aos termos "anomalia" e "anormal".

Segundo Canguilhem, o *Vocabulaire philosophique* de Lalande contém uma observação importante relativa aos termos "anomalia" e "anormal". "Anomalia" é um substantivo ao qual, atualmente, não corresponde adjetivo algum e, inversamente, "anormal" é um adjetivo sem substantivo; entretanto, o uso os associou, fazendo de "anormal" o adjetivo de "anomalia". "Anomalia" tem origem no grego, *an-omalos*: o que é, em um terreno, desigual, rugoso, irregular. Ora, frequentemente houve enganos a respeito da etimologia do termo "anomalia", derivando-o não de *omalos*, mas de *nómos*, que significa "lei", segundo a composição *a-nómos*. Pois bem, o *nómos* grego e a "norma" latina têm sentidos vizinhos, por isso "lei" e "regra" tendem a se confundir. Assim, continua Canguilhem com todo o rigor semântico, "anomalia" designa um fato, é um termo descritivo; ao passo que "anormal" implica referência a um valor, é um termo apreciativo, normativo. Mas a troca dos processos gramaticais corretos acarretou uma colusão dos sentidos relativos a "anomalia" e "anormal". "Anormal" tornou-se um conceito descritivo, e "anomalia" tornou-se um conceito normativo.

Quando falamos em "anomalias", não pensamos na simples variedade descritiva referente a meros desvios estatísticos; pensamos logo nas deformidades nocivas e até mesmo incompatíveis com a vida. Ao nos referirmos à forma viva ou ao comportamento do ser vivo, comprometemo-nos, em tal pensamento, com uma concepção normativa de vida, expressa, como vimos, desde a confusão etimológica dos termos.

A "anomalia" é a consequência de variação individual que impede dois seres de poderem se substituir um ao outro de modo completo. No entanto, diversidade não é doença. Assim, ao definirmos o "normal" e o "anormal" pela frequência estatística relativa, o "patológico" pode ser pensado como "normal". Parece-nos razoável dizer, com Camguilhem, que "o anormal não é o patológico". O *páthos*, sem dúvida, implica uma avaliação subjetiva, portanto trata-se de valor, de um sentimento de vida contrariada.

Ouçamos, ainda, Canguilhem: "Não existe fato que seja normal ou patológico em si. A anomalia e a mutação não são, em si mesmas, patológicas. Elas exprimem outras formas de vida possíveis"[74]. Ou seja, para que uma "anomalia" possa ser classificada como "patológica", essa classificação dependerá, portanto, de um julgamento normativo anterior que a designe como inferior. E se, eventualmente, se revelar equivalente – no mesmo meio – ou superior – em outro meio –, será chamada "normal". "Sua normalidade advirá de sua normatividade."[75] Em outras palavras, do "anormal" ao "normal", a diferença nunca é de natureza.

Assim, o "anormal" será definido como "deficiência", "inaptidão". Não por ter sido reenviado a uma qualidade da natureza ou a uma propriedade do ser, mas, sim, por designar uma pura relação do grupo consigo mesmo. Sendo que, no seio desse grupo, existe o princípio de uma partilha de valorização que se refere sempre ao "valor médio".

Valor normativo como bem do sujeito

Poderíamos, a partir daí, levantar a seguinte questão: quais seriam os instrumentos utilizados por um grupo para instituir um determinado "valor médio"? O problema aí consiste em saber dentro de que oscilação, em torno de um valor médio puramente teórico, os indivíduos vão ser considerados "normais". No entanto, nem um conjunto de médias aritméticas nem um esquema estatístico fornecem meios suficientes para decidir se um determinado desvio é "normal" ou "anormal"[76].

Diante do desvanecimento dos sistemas de aferimento objetivos capazes de determinar uma "normalidade" global, pode-se dizer que a delimitação em torno da média permanece arbitrária. Sim, arbitrária. Daí, concluímos, com Canguilhem, que, perante a incerteza acerca da validade dos princípios a serem utilizados para estabelecer a separação entre "normal" e "anormal", a definição científica da "normalidade"

[74] CANGUILHEM. *O normal e o patológico*, p. 113.

[75] CANGUILHEM. *O normal e o patológico*, p. 113.

[76] Indicamos ao leitor interessado nas nuances que constituíram essa elaboração o capítulo "Norma e média". In: CANGUILHEM. *O normal e o patológico*, p. 118-143. Encontra-se aí um consistente desenvolvimento argumentativo a partir da teoria do *homem médio* de Quêtelet.

parece atualmente inacessível. Isso porque a média que procuramos é "uma média que determina desvios tanto mais raros quanto mais amplos forem"[77], o que é, na verdade, uma norma.

A norma, como reguladora do "valor médio", provém de uma constatação. Mas, ao mesmo tempo, traduz uma expressão estatística daquilo que é vivido como saúde. Há aí a expressão de um valor: o ponto de equilíbrio pressentido por um sujeito como o seu bem.

Enfim, antes de finalizarmos este parêntese, no qual tivemos a pretensão de aprofundar o estudo da norma, ressaltaríamos, ainda, que o modo de valorização específico estabelecido por ela é estranho ao modelo kantiano do imperativo categórico. Assim, essa forma de valorização descreve uma nova era da ciência, na qual estaria implicada a atualidade das normas sociais vigentes numa determinada sociedade que busca o seu equilíbrio. Equilíbrio esse que estende sua lógica para além do horizonte da clínica médica, promovendo a partilha de valorização nos domínios políticos da esfera social.

Implicações de uma era normativa

Doravante, desde a modernidade, com os saberes disciplinares, como vimos, haverá um deslocamento do eixo que antes apontava para a anterioridade e a universalidade da lei em favorecimento do eixo que tende a relativizá-la e a individualizá-la, tendo como referente a norma. Com isso, em nome de uma certa humanidade, pouco a pouco, o aparelho jurídico, a partir do que lhe foi imposto pelas práticas institucionais, terá que compartilhar a função de julgar com outros saberes - as ciências humanas - que aí despontam. Assistimos, então, à abertura de um novo espaço para a função do juiz, que passa a convocar outros saberes. Isso porque o aparelho jurídico necessitará de algo mais do que apenas o código que determina a infração e que estabelece, respectivamente, a punição.

Ao priorizar o criminoso em sua virtualidade, o julgamento não mais será do ato infrator. Levar-se-á em conta, então, o ser do criminoso, o grau de sua maldade intrínseca. Isso significa que o criminoso

77 CANGUILHEM. *O normal e o patológico*, p.124.

será julgado a partir de sua conduta, que a ênfase cairá sobre as suas intenções ao praticar uma dada infração, a qual constituirá o móvel para o pretenso cálculo de graduação de sua culpabilidade. E, como nos códigos nada reza além dos delitos e das penas, os juízes, na empreitada de julgar o ser do criminoso, mostrar-se-ão impotentes e serão impelidos à necessidade de convocar os *experts* no assunto: cientistas sociais, com seus saberes disciplinares. Cabe agora, aos últimos, além de examinar o criminoso e fixá-lo em classes operatórias (como a dos delinquentes, dos loucos inimputáveis, dos perigosos etc.), a função de instruir o aparelho jurídico sobre o grau de acometimento e desvio de uma suposta "normalidade" do indivíduo, originando, assim, toda uma corrente de patologização do crime.

Vale salientar que a lógica dessa reforma repousa em um sentido essencial, isto é, baseia-se na ideia de transformação do homem, expressa na assertiva, até certo ponto ingênua, que supõe a correção do criminoso por meio da punição.

Dentre as principais noções fabricadas pelos saberes disciplinares, destacaremos a noção de "periculosidade", pois é justamente por meio dessa noção que finalmente conseguiremos alcançar o ponto de cruzamento da psiquiatria com a criminologia.

A noção de "periculosidade", como anunciamos anteriormente, encontra-se à margem da teoria penal, justificando-se apenas nos mecanismos de controle sociais, os quais se organizam em torno da instituição jurídica. Quanto à nossa problemática, tal noção assumirá um lugar de destaque, já que, somente desatando esse nó – inserido no tema do indivíduo perigoso, o qual enoda, justamente, os saberes envolvidos nesta pesquisa –, nos será possível propor algo concernente à responsabilidade.

2.5 – A ficção da periculosidade do doente mental

A psiquiatria, como saber disciplinar, introduz-se no mundo do crime de uma forma bastante diversa daquela que se delineava até o final do século XVIII. Nesse terreno, mais uma vez, é Foucault quem ilumina nossas pistas[78].

[78] FOUCAULT. "L'évolution de la notion d' «individu dangereux» dans la psychiatrie légale du XIX e. siècle". In: *Dits et écrits*, p. 443- 464.

A ficção "monomania homicida": fusão do crime "contra a natureza" e "sem razão"

Tanto no Direito Penal como no Código Civil e no Direito Canônico, a loucura era contemplada ora sob a forma da demência e da imbecilidade, ora sob a forma de furor. Em todos os casos, manifestando-se por sintomas mais definitivos ou por explosões passageiras, a loucura era facilmente reconhecida. Os códigos estabeleciam a presença do médico para autenticá-la. Ponto polêmico, pois se chegava a discutir se haveria ou não a necessidade de chamar esse profissional, visto que as manifestações sintomáticas, na maioria das vezes, não deixavam dúvidas quanto à existência da loucura. Entretanto, no século XIX, não será por meio de uma investigação mais aprofundada e refinada dos problemas tradicionais (como as noções de incapacidade ou a de irresponsabilidade suscitadas na interface jurídica pelas demências e pelos estados de furor) que a nova psiquiatria entrará dedicando os seus esforços. Antes, será por meio de crimes sem quaisquer outros precedentes sintomatológicos que uma tal disciplina irá reivindicar a sua afirmação perante a sociedade.

No entanto, tais crimes sem precedentes sintomatológicos, embora somem um contingente quantitativo muito pequeno, em sua grande maioria, não são delitos corriqueiros que pululam no cotidiano da vida urbana. Pelo contrário, trata-se de crimes extremamente graves e monstruosos que apresentam, em comum, as seguintes características: são geralmente cometidos no interior da própria família (ou, no máximo, na vizinhança), por isso considerados "contra a natureza" e não só contra a sociedade; são infrações cometidas "sem razão", ou seja, sem motivo, ou mesmo fundadas sobre uma ideia delirante, embora nada evidente.

Em suma, segundo Foucault, o que a psiquiatria nascente então almeja, para justificar a sua intervenção nesses casos, é justamente dar inteligibilidade aos crimes monstruosos cometidos sem razão ou preliminares. Esses crimes são entendidos como a única manifestação repentina da "contra-natureza" na natureza: uma vez cometidos, nenhum outro sintoma observável restaria. Assim é que, para uma tal descrição – a da "loucura criminosa" –, vemos surgir uma nova entidade: a "monomania homicida"[79].

[79] A classe das "monomanias" foi introduzida por Esquirol em 1818 e definida a partir da mania sem delírio de Pinel. Nas "monomanias", Esquirol agrupou "todas

Interessa-nos, aqui, menos a tarefa de traçar o plano teórico e a pertinência dos fundamentos clínicos que encerram a noção de "monomania homicida", assim como das demais entidades psiquiátricas que descreveremos, que analisar os motivos da eleição dessa noção ("monomania homicida") como paradigma estabelecido pela psiquiatria nascente (do século XIX). Interessa-nos, também, apontar alguns desdobramentos que nortearam os rumos teóricos da criminologia e da psiquiatria forense.

Psiquiatria: guardiã da sociedade contra os perigos sociais

Entretanto, cabe assinalar que não foi pela reelaboração de novos conceitos, para lidar com o antigo problema da irresponsabilidade patológica, que a psiquiatria do criminoso se afirmaria socialmente. Antes, será do lado do controle social e da punição (como um dos meios de correção do criminoso) que a medicina mental, como uma forma de higiene pública, dedicará seus esforços na busca de novos aparatos e técnicas de controle para a transformação do indivíduo.

Podemos dizer, então, que foi por meio da fabricação da noção de "monomania homicida" (leia-se aqui a ideia de uma ficção teórica) que a psiquiatria inauguraria a patologização do crime e se afirmaria como um saber disciplinar, passando a funcionar como uma forma de higiene pública. E, dessa maneira, a psiquiatria, conforme denuncia Foucault, "pode se inscrever na perspectiva de uma medicina concebida para dar conta dos perigos inerentes ao corpo social"[80].

as afecções mentais que só afetavam o espírito parcialmente, deixando intactas as faculdades, afora a lesão focal que constituía toda a doença". A partir do reconhecimento da existência de impulsos aos quais nem sempre o eu podia opor-se com êxito, Esquirol vai distinguir três tipos de monomanias: a "monomania *intelectualis*", onde o delírio, as ilusões e as alucinações ficam em primeiro plano; a "monomania afetiva ou racional", onde os distúrbios do caráter, da afetividade e do comportamento eram sustentados por capacidades de raciocínio e racionalização intactas; e, finalmente, a "monomania instintiva ou sem delírio" (aqui se encontra classificada a "monomania homicida"), em que o doente é arrastado para atos que a razão e o sentimento não determinam, que a consciência reprova e que a vontade já não tem força para reprimir. Cf. BERCHERIE. *Os Fundamentos da Clínica*, p. 48-56.

80 FOUCAULT. "L'évolution de la notion d' «individu dangereux» dans la psychiatrie légale du XIXe. siècle". In: *Dits et écrits*, p. 450. (tradução nossa)

Os grandes crimes sem motivo, desde então, colocaram e ainda colocam um difícil problema aos juízes, pois, nas sociedades disciplinares (entre as quais se inclui a nossa), concebe-se a punição legal como técnica de transformação individual e procura-se, sempre, adaptá-la à natureza do criminoso. Portanto, o problema pode ser colocado nos seguintes termos: a razão do crime tornou-se a razão de punir, mas como punir se o crime é sem razão? Sendo assim, há que se estabelecer os motivos que determinaram o crime a fim de avaliar a natureza do culpado, o grau de sua maldade e de suas intenções ao praticá-lo. Os médicos, que anteriormente eram chamados para constatar os casos evidentes de demência e de furor, a partir daí (das sociedades disciplinares), além de constatar a razão do sujeito, terão que avaliar a racionalidade do ato, bem como o conjunto de relações que ligam o ato aos interesses, aos cálculos, às inclinações, em suma, à conduta global do sujeito.

O quadro em que a bizarra sintomatologia da "monomania homicida" vem se inserir será, justamente, o ponto que determina a periculosidade da loucura, aquele ponto que faz convergir o "contranatural" (doença) ao "sem razão". A periculosidade aqui, portanto, coloca um importante impasse à justiça, visto que, segundo as ideias da criminologia que aí despontam, não se pode determinar a punição de um crime sem que sejam determinados quais seriam os motivos em questão.

Vemos, pois, a transformação considerável da velha noção de responsabilidade penal surgir como consequência inevitável da união do pensamento médico com o pensamento jurídico. De acordo com os antigos códigos, para constatar a imputabilidade de uma infração, era necessário que seu autor fosse livre, consciente, não acometido por demência; também era preciso que se encontrasse legitimamente fora de qualquer crise de furor. A partir daí, veremos que a responsabilidade não será mais relacionada somente a essa forma de consciência, mas à inteligibilidade do ato em relação à conduta e aos antecedentes do indivíduo. O indivíduo aparecerá como responsável pelo seu ato se estiver ligado a ele por uma determinação psicológica, numa relação de contradição e exclusão: se o ato se encontra psicologicamente determinado, então o seu autor poderá ser considerado penalmente responsável. Daí decorre que, quanto mais o ato for efetuado de forma gratuita e indeterminada, maior será a tendência de desculpá-lo.

A junção da responsabilidade penal com a determinação psicológica comporta, contudo, o paradoxo do paradigma da "monomania homicida". Paradoxo do qual ainda não estamos livres. Podemos resumi-lo nos seguintes termos de Foucault: "a liberdade jurídica do sujeito é provada pelo caráter determinado de seu ato; sua irresponsabilidade é provada pelo caráter aparente – não necessariamente, por seu gesto"[81].

Dupla prisão: a classificação do doente perigoso e o confinamento no manicômio

O "caso Rivière", descrito por Foucault[82], testemunha tal paradoxo, uma vez que apresenta um episódio particularmente significativo em relação às grandes controvérsias que se estabeleceram devido, justamente, às repercussões médico-legais que se encontram no cerne desse acontecimento. Ele ilustra bem a ruptura com o saber jurídico que até então condenava esse tipo de condutas criminais; antecipa, não sem oposição dos juristas e magistrados da época, o que Castel[83] descreve como um "conflito de competências". Ou seja, vê-se escapar às sanções do poder quadros psicopatológicos como esse, os quais foram deslocados da classe dos responsáveis e passíveis de veredicto para a classe dos perigosos portadores de um diagnóstico.

81 FOUCAULT. "L'évolution de la notion d' «individu dangereux» dans la psychiatrie légale du XIXe. siècle". In: *Dits et écrits*, p. 455. (tradução nossa)

82 Pierre Rivière: parricida do século XIX. Aos 20 anos, degolou a mãe, a irmã e o irmão. Depois de haver sido preso, redigiu um memorando explicativo, submetido aos juízes e aos médicos encarregados da perícia psiquiátrica. Esse acontecimento data do começo da psiquiatria criminológica. Encontramos, nesse livro, além do memorando escrito pelo próprio assassino, uma série de perícias psiquiátricas representando, cada uma delas, estratos bem definidos dos saberes médicos da época. Encontramos, ainda, os depoimentos públicos e as repercussões que tiveram os conceitos psiquiátricos recém-elaborados no meio jurídico. Tudo isso analisado e exposto de forma bastante clara e elucidativa. Remeto o leitor a FOUCAULT. *Eu, Pierre Rivière, que degolei minha mãe, minha irmã e meu irmão.*

83 CASTEL. "Os médicos e os juízes". In: *Eu, Pierre Rivière, que degolei minha mãe, minha irmã e meu irmão.*

Tal e qual Rivière, os assassinos que escapam às sanções do poder penal foram (e serão) fixados na classe dos "anormais perigosos" por um saber que estaria fundamentado na capacidade de antecipar a possibilidade de uma conduta delituosa, antes mesmo que ela venha a se produzir. A partir dessa presunção – de periculosidade –, a psiquiatria do crime vai se desdobrar, no futuro, sedimentando o espaço de intervenção entre uma antecipação e uma consequência, a repressão consecutiva e a ação preventiva[84].

Porém, após o abandono da doutrina das monomanias pela psiquiatria[85], fato que transcorreu não sem hesitação dos vários adeptos e fiéis, novas ficções sobre a responsabilidade jurídica foram fabricadas, sempre, a partir de então, influenciadas pela patologização do crime, advinda da psiquiatria e das demais ciências humanas. Mas, antes de abordá-las, gostaríamos de ressaltar uma última consequência dessa doutrina de Esquirol, de que ainda somos tributários, no campo médico-legal.

Como vimos, a invenção da noção da "monomania instintiva" veio solidificar a ideia da periculosidade da loucura. A irresponsabilidade penal se estabelecia na defasagem da determinação do sentido que une o ato a seu autor, excluindo, assim, o autor do campo da sanção legal da pena. Entretanto, ao excluí-lo, fixava-o na classe dos "anormais perigosos" que necessitam de privação de liberdade. Oficializa-se, dessa forma, a psiquiatria como instância de controle complementar da justiça. Mas, para que isso pudesse se impor, faltava, até então, a adoção de uma dupla estrutura: institucional e legislativa. A solução veio com a modificação

84 A antinomia ideológica reflete aqui, como em outros aspectos, o mal-estar social. Ela agora busca a sua solução numa formulação científica do problema, isto é, numa análise psiquiátrica do criminoso a que deve reportar-se, após examinar todas as medidas de prevenção contra o crime e de proteção social contra sua recidiva, o que podemos designar como uma concepção sanitária da penologia. Essa concepção foi apontada por J. Lacan como uma maneira de os ideais do humanismo serem resolvidos no utilitarismo do grupo. Cf. "Introdução teórica às funções da psicanálise em criminologia". In: LACAN. *Escritos*, p. 139.

85 A doutrina das "monomanias" caiu em descrédito antes mesmo de 1870. Um dos motivos estaria na ideia da cisão tão absoluta do eu ser substituída por uma concepção mais unitária da morbidade. Outras concepções vieram substituí-la, como a defendida por J.P. Falret em sua dissertação publicada em 1854, *De la Non Existence de la Monomanie*. In: BERCHERIE. *Os Fundamentos da Clínica*, p. 96. As "monomanias" teriam seu golpe final, sobretudo, com as influências das ideias de Morel sobre a teoria da degenerescência.

da legislação francesa de 1838, que recebeu ativa participação de todo o grupo de Esquirol, conforme denuncia Castel: "Institucionalizando cuidadosamente as modalidades da internação ex-officio e 'voluntária' — em 'estabelecimentos especiais' (os asilos)"[86]. Preparava-se, assim, a possibilidade de um internamento rápido, tão eficaz e imperativo quanto o isolamento penal. E, ainda, com uma vantagem suplementar, segundo prossegue Castel: "poder intervir antes que um ato delituoso seja cometido, antes também que um julgamento de interdição seja emitido"[87]. A partir da lei de 1838, tanto a detecção e o isolamento dos casos potencialmente perigosos para a sociedade quanto a eventual saída deles do confinamento obrigatório passariam pelo aval das autoridades médicas e judiciais. Essa concepção marcaria uma síntese nova (vigente até nossos dias) que determina não apenas o Código Francês mas outros códigos ocidentais, inclusive o nosso, modificando decisivamente as relações estabelecidas entre ordem médica e ordem penal.

No interior do saber psiquiátrico, com o advir da influência das ideias de Morel sobre a teoria da degenerescência, a doutrina das "monomanias" foi substituída. Assim é que, pouco a pouco, a última conheceu, como destino, o descrédito[88].

Ideia de degenerescência: fundamento das ficções continuístas crímino-patológicas

Quanto à teoria da degenerescência, o que constitui precisamente sua essência é o fato de que ela encerra, em seu interior, um caráter hereditário de transmissibilidade e de gradação progressiva: à medida que vão sendo transmitidos ao longo das gerações, os efeitos dos "instintos ruins" vão se agravando em direção a uma total decadência física e moral. Morel imaginou um sistema de classificação em que todos os distúrbios mentais seriam meras manifestações de um único substrato patológico de degeneração latente. Assim, a patologia mental seria interpretada por

86 CASTEL. "Os médicos e os juízes". In: FOUCAULT. *Eu, Pierre Rivière, que degolei minha mãe, minha irmã e meu irmão*, p. 275.

87 CASTEL. "Os médicos e os juízes". In: FOUCAULT. *Eu, Pierre Rivière, que degolei minha mãe, minha irmã e meu irmão*, p. 275.

88 Cf. nota 85.

meio da ideia de um *continuum* em que combinações de forças variáveis - ambientais, psicológicas e fisiológicas - produziriam padrões de conduta que podiam ir da curiosa excentricidade à mania homicida[89].

A teoria da degenerescência permitiu, em suma, uma ampliação da patologização no terreno do crime iniciada pela doutrina da "monomania homicida". Devido ao fato de ser possível agora definir essa imensa gradação evolutiva, tanto os crimes monstruosos, que outrora evidenciavam uma patologia na violência arrebatadora e incompreensível da loucura, quanto os pequenos delitos corriqueiros estarão sujeitos à classificação médica. Assim, diante dos assassinatos incompreensíveis ou dos pequenos delitos (concernentes à propriedade ou à sexualidade), encontraremos sempre a suspeita de uma possível perturbação, mais ou menos grave, dos instintos, de acordo com a degradação evolutiva manifestada por determinado indivíduo.

Foucault nos lembra de que novas categorias serão classificadas no campo da psiquiatria legal: a necrofilia, por volta de 1840; a cleptomania, por volta de 1860; o exibicionismo, inventado em 1876; e, ainda, os desvios de comportamento, como a pederastia e o sadismo, que denotarão estados de decadência física e moral progressiva. Temos, então, um *continuum* psiquiátrico e criminológico passível de interrogação, em termos médicos, não importando qual gradação da escala penal.

Radicalização da patologização do crime na escola de antropologia criminal

A patologização dos comportamentos delituosos, proporcionada pela ideia da degenerescência, foi levada às últimas consequências pela escola italiana de antropologia criminal. Essa escola surgiu em resposta a uma demanda social relacionada ao problema do aumento da criminalidade e da falência do sistema repressivo prisional. Trazia uma novidade que nos interessa examinar de perto: pensar o crime em termos jurídicos e em termos médicos. O seu programa primou por apresentar a medicalização das condutas criminais em sua mais absoluta radicalidade.

[89] Sobre Morel e a teoria da degenerescência, Cf. BERCHERIE. *Os Fundamentos da Clínica*, p. 107-121.

A apresentação esquemática de um esboço de sua essência, conforme veremos no parágrafo a seguir, nos ajudará a formular, junto a Foucault, questões sobre a viabilidade de tal obra.

1) A escola de antropologia previa abandonar totalmente a noção jurídica da responsabilidade. Essa noção parecia-lhes totalmente inadequada para pensar um domínio tão extenso quanto o da criminalidade médico-legal. Portanto, essa noção – que fundamentava o Direito desde a Idade Média – seria substituída pela ideia do nível de perigo que o indivíduo em questão representava para a sociedade. 2) A escola buscava remarcar os indivíduos incriminados, considerados pelo Direito como irresponsáveis por serem doentes, loucos, "anormais" e, portanto, vítimas de impulsos irresistíveis, considerando esses indivíduos como os mais efetivamente perigosos. 3) A escola almejava valorizar o que seria a pena, não como uma punição, mas como um mecanismo de defesa social. Portanto, a diferença dos criminosos não mais seria entre os responsáveis a condenar e os irresponsáveis a liberar, mas entre os sujeitos definitivamente perigosos e aqueles que, mediante tratamento, deixariam de sê-lo. 4) Enfim, da reação social ao crime e diante do perigo que constitui o criminoso, dever-se-ia optar por um dos três tipos de medidas preventivas: eliminação definitiva (pela morte ou internação numa instituição), eliminação provisória (com tratamento) e eliminação parcial (esterilização, castração).

Percebemos, efetivamente, uma clara oposição, por vezes incompatível pelo excesso de radicalidade, entre o programa normalizador da antropologia social (fundado nas premissas de uma certa "despenalização" e da ideia de defesa social) e a teoria do Direito, proposta pelos penalistas do século XVIII, que concebe a anterioridade da lei em sua universalidade.

Nesse ponto, talvez nos fosse permitido convocar novas formas de pensar o problema. Sendo assim, formulamos o seguinte: se um ato é determinado por um nexo causal, podemos considerá-lo livre, o que, por sua vez nos conduz à questão: não está implicada aí a responsabilidade?

A noção de degenerescência permitiu vincular todos os indivíduos da sociedade a um perfil patológico. Todo o campo das infrações poderia ser afirmado, a partir de tal noção, em termos de perigo. Portanto, em termos daquilo que carece de proteção e de segurança.

A influência da doutrina da degenerescência no campo médico-legal, no que concerne a nosso tema (a responsabilidade), além da proposta de substituição da antiga referência à noção de responsabilidade pela noção de periculosidade, trouxe também outros questionamentos importantes para a formulação no campo jurídico. Relevemos o seguinte: se, por um lado, a exclusão da monomania do universo da responsabilidade jurídica se estabeleceu na defasagem da razão, que determina a ligação entre o autor e o ato – há aí a incompreensibilidade da loucura como causa – em uma relação de exterioridade ao campo da "normalidade"; por outro lado, com a nova análise dos instintos e da afetividade contidas nas ideias de degenerescência, portas se abrirão e permitirão uma nova forma de análise causal de todas as condutas, delinquentes ou não, qualquer que seja o grau de sua criminalidade (dos delitos corriqueiros aos assassinatos monstruosos). Com isso, a relação entre "normal" e "anormal" deixa de ser uma relação de contradição e exterioridade e passa a ser de inversão e de polaridade.

Sociedade de segurança e origem das noções: risco e "responsabilidade sem culpa"

Entretanto, não foi a criminologia que possibilitou uma mudança na teoria penal da responsabilidade, segundo a aposta de Foucault, mas, sim, a transformação no Direito Civil em torno da noção de acidente, de risco e de responsabilidade, o que veio servir de modelo ao Direito Criminal, influenciando-o e possibilitando, assim, o enxerto de algumas propostas essenciais da criminologia. Dessa forma, além de permitir a articulação do código à ciência, a fabricação da noção de "responsabilidade sem culpa" foi favorecida. Essa noção parece-nos, à primeira vista, capital para apoiar o que viria a ser a responsabilidade na psicose. Portanto, o exame dessa hipótese foucaultiana pode ser muito útil aqui.

A noção de "responsabilidade sem culpa", conforme aponta Foucault, teve sua origem atribuída aos juristas alemães, que precisavam dar conta dos riscos inerentes ao trabalho, como os acidentes que, eventualmente, poderiam acontecer e que, porventura, estariam ligados a uma culpa mínima do trabalhador, o qual não teria condições de responder judicialmente pelos danos ocorridos[90]. "Estaríamos frente às exigências das sociedades bismarckianas – sociedades não apenas disciplinares mas de segurança."[91]

As sociedades de segurança[92] propõem uma ideia totalmente diferente da justiça. A ideia de causa sucede à de repartição de uma responsabilidade coletiva, cuja contribuição individual pode ser fixada segundo uma regra. Regra essa calcada na referência operatória de risco. A ideia de risco pressupõe que todos os indivíduos componentes de uma população possam ser afetados pelos mesmos males: todos somos fatores de risco e todos estamos sujeitos a ele. E, se o risco define o todo, cada indivíduo distingue-se pela probabilidade de risco que é a sua. A ideia de risco não designa o que poderia ser a causa de um dano, mas a regra segundo a qual será repartida a respectiva responsabilidade. A segurança propõe, segundo as palavras de Ewald, "uma regra de justiça que já não é referida à natureza mas ao grupo, uma regra social de justiça que o grupo é livre de fixar para si próprio"[93]. O que caracteriza a segurança não é o fato de essa repartir em um grupo a responsabilidade dos danos individuais, mas o fato "de permitir efectuar essa repartição não já sob a forma de um socorro ou

90 A partir da segunda metade do século XIX, com o desenvolvimento industrial e o crescimento das estruturas urbanas (dos assalariados, dos meios de transporte, do maquinário etc.), as seguradoras, além de assumir os riscos por acidentes de trabalho individuais (dos empregados), tiveram de assumir também os danos a terceiros (vítimas dos acidentes provocados pelos empregados). Entretanto, esses possíveis acidentes se agregavam numa espécie de culpa, mas uma culpa mínima (desatenção, falta de precaução, negligência), e eram cometidos, ainda por cima, por alguém que não poderia suportar a responsabilidade civil nem o pagamento dos danos ligados a eles.

91 FOUCAULT. "L'évolution de la notion d' «individu dangereux» dans la psychiatrie légale du XIXe. siècle". In: *Dits et écrits*, p. 460. (tradução nossa)

92 Assim como a "sociedade disciplinar", as "sociedades de segurança", ainda que por meio de diferentes instituições e em diferentes níveis, sustentam-se, estruturalmente, no modelo da norma. Lógica que reproduz a mesma experiência de uma medida comum, de uma regra de juízo simultaneamente "positivista" e auto referencial. Para maiores esclarecimentos, indicamos o livro de François Ewald, *Foucault, A norma e o direito*. Parte II: "Foucault e a norma", p. 77-125.

93 EWALD. *Foucault, a norma e o direito*, p. 97.

de uma caridade, mas segundo uma regra que é uma regra de justiça, uma regra de direito"[94].

Retomemos, do corpo do direito trabalhista civil estabelecido pela "sociedade de segurança", a noção de "responsabilidade sem culpa". Dessa noção nos interessa, sobretudo, seus princípios fundamentais, que podem ser assim enumerados: 1) Essa responsabilidade deve ser estabelecida no encadeamento das causas e dos efeitos, não seguindo a série das culpas (*fautes*) cometidas. A responsabilidade está do lado da causa, mais que do lado da falta (*manquement*). É a *Causalhaftung* dos juristas alemães. 2) Essa causa obedece a duas ordens que não se excluem: o encadeamento dos fatos precisos e individuais que foram induzidos uns a partir dos outros e a criação dos riscos inerentes a um tipo de ação. 3) Os riscos devem ser diminuídos da maneira mais rigorosa possível. É certo, contudo, que jamais desaparecerão totalmente. Por isso, pode-se dizer que nenhuma empresa da sociedade moderna será sem risco. 4) Dentro dessa concepção de "responsabilidade sem culpa", ligada a um risco que jamais poderá desaparecer totalmente, a indenização não é feita para sancionar uma quase-punição, mas para reparar os efeitos, de uma maneira assintótica, ou seja, para diminuir os riscos futuros.

Eliminando o elemento da culpa no sistema da responsabilidade, denuncia Foucault, "os juristas civis introduziram no direito a noção de probabilidade causal e de risco, e fizeram aparecer a ideia de uma sanção que teria uma função de defender, de proteger, de fazer pressão sobre os riscos inevitáveis"[95]. É esse modelo de "despenalização" da responsabilidade civil que permitirá que toda a doutrina da patologização do crime (reivindicada pela antropologia criminal) se faça entender pelo Direito Penal.

Da mesma forma que se pode determinar a responsabilidade civil sem o estabelecimento da culpa, mas somente estimando o risco criado, risco contra o qual há que se defender sem contudo o anular; também penalmente pode-se tornar um indivíduo responsável, sem

94 EWALD. *Foucault, a norma e o direito*, p. 97.

95 FOUCAULT. "L'évolution de la notion d' «individu dangereux» dans la psychiatrie légale du XIXe. siècle". In: *Dits et écrits*, p. 461. (tradução nossa)

ter que determinar se ele é livre e se tem culpa. Sobretudo, interessa reatar o ato cometido ao risco de criminalidade que constitui a sua própria personalidade. "Ele é responsável, pois pela sua própria existência ele é criador de risco, mesmo não sendo culpado, já que não escolheu livremente o mal de preferência ao bem."[96] Portanto, vemos que a sanção aí não terá por objetivo a punição do sujeito de direito, aquele que terá voluntariamente enfrentado a lei, mas terá o papel de diminuir, na medida do possível, o risco de criminalidade (ou periculosidade) presente em todos, desde os pequenos delinquentes até os maníacos monstruosos.

Da punição indiscriminada aos doentes mentais: prioriza-se a periculosidade em detrimento do sujeito do direito

Pode-se colher, na atualidade, algumas consequências polêmicas dessa influência do Direito Civil – tido como Direito Social, que ordena as nossas sociedades de segurança – no campo do Direito Penal em relação à eliminação da noção de culpa no estabelecimento da responsabilidade penal. Dentre tais consequências, parecem-nos concorrer os dados objetivos publicados no editorial do *Journal Français de Psychiatrie*, nº 13/2000 – "*Faut-il juger et punir les malades mentaux criminels*?" ("É preciso julgar e punir os doentes mentais criminosos?")[97] –, os quais revelam o número cada vez mais crescente de doentes mentais entre a população carcerária na França, cifra da ordem de 17% do total e, igualmente, a indicação de que o número total dos réus considerados *non-lieux* (correspondente aos inimputáveis na legislação brasileira) foi dividido por dez, desde o início dos anos oitenta.

Entendemos que o aumento das punições dos doentes mentais franceses, na atualidade, não decorre de uma discussão ampliada sobre o alargamento da noção do sujeito de direito, sobre imputabilidade e responsabilidade provenientes de um delito. Esse debate foi

96 FOUCAULT. "L'évolution de la notion d' «individu dangereux» dans la psychiatrie légale du XIXe. siècle". In: *Dits et écrits*, p. 461. (tradução nossa)

97 *Journal Français de Psychiatrie*. Paris. Ed. Érès nº 13 – "*Faut-il juger et punir les malades mentaux criminels*?" – número integralmente dedicado à publicação dos anais do colóquio que reuniu profissionais de diversas áreas (juristas, peritos, psicanalistas, direitos humanos, dentre outros), realizado em setembro de 2000 em Paris.

preterido por novas considerações de "responsabilidade sem culpa", cuja essência determina como responsável, de imediato, aquilo que é causa, e daí se prevê apenas a reparação do dano. No caso de um delito, a reparação do dano se traduziria em punição, cujo objetivo seria diminuir o risco de perigo para a sociedade, seja ou não o autor do delito um doente mental.

Esse novo Direito, o Direito do "bem-estar" (tal como a medicina que visa ao bem-estar), conforme denuncia Charles Melman[98], procura reparar os danos esforçando-se por corrigir todas as insatisfações que poderiam aparecer no meio social; contudo sabemos que eximir de insatisfações o meio social é tarefa impossível. Ademais, é preciso considerar que o sujeito marcado por uma insatisfação encontra-se numa posição de identificação com o sofrimento da vítima, posição essa que exige reparação do dano. Isso quer dizer, segundo Melman, "que o mal estar é, atualmente, facilmente entendido como dano, ligado portanto a um autor, o qual se trataria de punir"[99].

Entendemos, então, o aumento do número de doentes mentais nas penitenciárias francesas como reflexo da transformação da noção de responsabilidade, cuja essência encerraria uma reparação impossível. Por isso, tal noção se deixa perturbar pela intrusão da lógica "vitimária". A população, insegura diante dos perigos sociais supervalorizados pela mídia e valendo-se de uma concepção higienista, demanda à justiça uma punição exemplar ao doente mental perigoso. Resta à justiça, por fim, acatar essa demanda. Pois não seria função do Direito, guiado pelo bem-estar, eximir de insatisfações o meio social?

Um balanço da norma: controle, segurança e "bem-estar"

A título de resumo, com vistas a uma conclusão, podemos extrair deste percurso – iniciado com a análise da percepção da loucura no período clássico, seguida pela sociedade disciplinar (início da era industrial, essência mesmo de nosso capitalismo) e finalizado com a

98 MELMAN. "Interrogations actuelles sur les limites de la responsabilité". In: *Journal Français de Psychiatrie*. Faut-il juger et punir les malades mentaux criminels?

99 MELMAN. "Interrogations actuelles sur les limites de la responsabilité". In: *Journal Français de Psychiatrie*. Faut-il juger et punir les malades mentaux criminels?, p. 51.

hipótese da sociedade de segurança (início do século XX) – aspectos importantes para nossa discussão atual sobre a lei e a noção de responsabilidade.

Primeiramente, detectamos a importância crescente assumida pelo eixo de atuação da norma individual, decorrente de um certo declínio do eixo que apontava para a universalidade e anterioridade da lei. Essa lógica (que tem a norma como referência) se estabeleceu como consequência da integração dos aparelhos disciplinares (médicos, psicológicos, administrativos, etc.), cuja função é sempre reguladora, à instituição judiciária. Podemos constatar aqui que, assim como o homem "normal" é uma criação desses saberes disciplinares (e não um dado anterior a toda experiência de doença que se possa encontrar na natureza), o homem dito "anormal" é, obviamente, também fruto da mesma lógica. Ou seja, trata-se de uma ficção, fruto da interação que nasceu nas fronteiras, resultado de trocas entre os saberes médicos, psicológicos e a instituição judiciária. Exemplo maior não poderia ser outro senão a noção de "monomania homicida". Noção forjada no limite destes dois saberes: jurídico ("sem razão") e psiquiátrico ("contra a natureza"), constituindo-se como uma forma de obturação do vazio semântico político. Após inaugurar toda uma série de patologização do crime e após legitimar, por exclusão, a periculosidade da loucura, essa marca de Esquirol dará lugar, como vimos, à doutrina da degenerescência.

Podemos afirmar que a doutrina da degenerescência veio possibilitar, justamente, a ampliação do universo patológico do crime e selar, no *continuum* criminológico e psiquiátrico, uma nova forma de consciência causal, expressa por graus de "normalidade" em que se encontra o "anormal", que não se exclui do campo da "normalidade" numa relação de polaridade. Como consequência, vimos despontar um novo saber médico-legal que se propõe ao exame do criminoso, a fim de medir e representar, numa escala, a virtualidade de seu perigo.

Enfim, podemos concluir que o Direito Penal, no decorrer do século XIX, não evoluiu de uma moral da liberdade a uma ciência do determinismo psíquico. Mas, antes de tudo, por meio de mecanismos próprios aos saberes disciplinares, que organizaram, classificaram e codificaram suas referências na presunção virtual do indivíduo perigoso, em detrimento da noção de responsabilidade penal. Não poderíamos deixar de relembrar a hipótese foucaultiana: somente a partir da noção de risco – enxertada no Direito Criminal pela influência do Direito Trabalhista Civil –, foi possível viabilizar uma leitura interativa entre o saber médico, psicológico e jurídico de toda uma patologização do crime. Essa leitura tem como prioridade a avaliação de um risco que o indivíduo porta de reincidir no crime (periculosidade), e comporta, em seu bojo, menos uma ideia de "pena", como punição pelo ato, do que de "sanção", que visa a uma terapêutica e a uma defesa social.

Por fim, cabe resgatar a noção de "responsabilidade sem culpa", importada do Direito Civil e que nos parece cara ao trabalho com a psicose. Assim, essa noção será tomada, nos próximos capítulos, como uma noção operatória guiada pela perspectiva psicanalítica: um saber não disciplinar, que faz um contraponto à visada psiquiátrica – essa, sim, disciplinar, cuja prospectiva não deixa de não suturar a noção de "responsabilidade sem culpa" à noção de periculosidade.

3. Responsabilidade: ficção singular do sujeito

Antes de delimitar as fronteiras e tecer as bordas que circunscrevem a descontinuidade entre psicanálise e práticas disciplinares, seria interessante tentar esclarecer a posição crítica de Michel Foucault em relação à psicanálise.

Gostaríamos de destacar os textos que apoiaram nossa investigação. Trata-se de parte da obra foucaultiana que aborda os saberes disciplinares: seja *Vigiar e punir* ou *Microfísica do poder*; seja *A verdade e as formas jurídicas* ou *Eu, Pierre Rivière...*; e ainda *História da sexualidade* – vol. 1. Essas obras podem ser classificadas no eixo metodológico da "genealogia do poder". Nelas, Foucault considera menos o efeito do discurso psicanalítico, no que tange à teoria e seus conceitos, e se detém a examiná-lo, preponderantemente, como um dispositivo inserido nas tramas da "microfísica do poder". Portanto, inserindo-o na lógica da produção de saber sobre o objeto[100].

[100] Para não nos desviarmos dos propósitos desta pesquisa, indicamos ao leitor interessado no diálogo que Foucault, ao longo de sua obra, mantém com a psicanálise, o livro: BIRMAN. *Entre cuidado e saber de si:* sobre Foucault e a psicanálise. O autor expõe resumidamente nesse livro os três eixos metodológicos utilizados por Foucault, que orientam os comentadores na tarefa de subdividir sua obra ("arqueologia do saber", "genealogia do poder" e "estética da existência"). E, além do mais, J. Birman recolhe as críticas que Foucault dirige à psicanálise, levando em consideração tais eixos.

3.1 – A psicanálise: um saber que não é disciplinar

A posição crítica de Foucault em relação à psicanálise

Embora Foucault localize a psicanálise dentro do programa das ciências humanas ditas disciplinares, observa-se, ao longo de sua obra, uma certa oscilação de leitura naquilo que tange ao discurso psicanalítico. Estaríamos cometendo um grande equívoco se tomássemos, de maneira apressada, os trechos nos quais ele tece as mais contundentes críticas às ciências humanas, incluindo aí a psicanálise. Isso se não levarmos em consideração os vários momentos que regem essa elaboração, principalmente o eixo metodológico em que se inserem seus textos. E, ainda, o lamentável equívoco prosseguiria se não considerássemos, sobretudo, o projeto filosófico que perpassa toda a obra e a estratégia de pensamento de que o autor lança mão para sustentá-la. Esse projeto, segundo Joel Birman, seria regulado e circunscrito de maneira precisa por linhas de força que organizam o conjunto da obra, marcada, em suma, pela "desconstrução da filosofia do sujeito".

No entanto, de toda essa querela que marca a relação de Foucault com a psicanálise, vale ressaltar, como marco de partida para a nova etapa que ora se inicia, a posição do pensamento foucaultiano em *A verdade e as formas jurídicas*. Nesse livro, Foucault situará a psicanálise tanto em continuidade quanto em ruptura com os saberes disciplinares derivados dos programas normativos empreendidos pelo Estado Moderno[101]. Vejamos, então, o que nos parece o cerne do problema: como a psicanálise pode estar em continuidade e, mesmo assim, estabelecer, paradoxalmente, uma ruptura com esse processo?

Relembremos que, desde a modernidade, ao tomar o ideal normativo como referência, toda uma nova maneira de relacionamento do homem com sua verdade fora, por essa via, formulada. Trata-se de uma maneira que propõe ordenação e articulação entre multiplicidades, sem o recurso a nenhuma exterioridade. Traz consigo a proposta de uma ordenação de

[101] "É assim, por exemplo, que um saber psiquiátrico nasceu e desenvolveu até Freud, que foi a ruptura com ele". FOUCAULT. *A verdade e as formas jurídicas*, p. 121-122.

valor que apenas se serve de um princípio: o princípio da pura referência em si. Isto é, um princípio que utiliza a comparação entre os indivíduos, fornecendo somente uma escala de medidas classificatórias operadas e otimizadas pelos cientistas sociais. Com isso, foi possível a comunicação e a resolução do problema da intersubjetividade.

Tomemos, dessa perspectiva, o gesto inaugural do saber psiquiátrico, que, assim como as demais ciências do homem, segundo Foucault, só pôde ser produzido por meio dos mecanismos científico-disciplinares encontrados no modelo do exame, os quais, como vimos (no capítulo anterior), permitiram a construção fictícia do indivíduo "normal", assim como a classificação dos "anormais" desviantes, que, a partir daí, se enquadrariam em um programa corretivo ou de normalização. Disso é testemunha Pinel, cujo ideal de cura é uma "estabilização num tipo social moralmente reconhecido e aprovado"[102].

Diríamos, então, que o ideal de cura do doente mental em Pinel, descrito por Foucault, vem resumir a maneira como a psiquiatria compõe, ao lado de outros aparelhos normativos, a ordenação política do Estado. Ou seja, a psiquiatria viria responder à necessidade de inclusão do indivíduo numa determinada classe social, representando-o em um grupo passível de intervenção e controle, por meio das redes institucionais do Estado.

Estado utilitário e a lógica da política de classes

No entanto, conforme observa A. Teixeira[103] com Alain Badiou, para que esse controle estatal objetivo se exerça sobre o indivíduo, necessário se faz, ao classificá-lo, desconsiderar sua cisão subjetiva. Ou seja, deve-se desconsiderar a singularidade de seu desejo. Em outras palavras, interessa, nesse caso, o agrupamento dos indivíduos em classes de equivalência, a partilha de valor (inclusão normativa), o sujeito na sua representação[104], não em sua apresentação (inerente a sua

102 FOUCAULT. *História da loucura*, p. 474.

103 TEIXEIRA. *O topos ético da psicanálise*, p. 170. BADIOU. *O ser e o evento.*

104 O termo "representação" usado aqui, longe da pretensão de designar a noção psicanalítica *Vorstellung*, no sentido dado a ela por Freud, apenas descreve uma maneira de o sujeito se incluir em uma classe.

multiplicidade, ou seja, àquilo que, nele, resiste a ser representado). Pois tal modelo classificatório opera com a referência de indivíduo, aquele que se deixa representar integralmente pelos nomes que o classificam.

Seria importante ter em mente que o Estado só pode aplicar sobre o indivíduo seu cálculo distributivo se ele indexar esse indivíduo como incluído em um determinado grupo ou classe. Assim, o Estado vem a ser – conforme a leitura de A. Teixeira e a partir da fórmula proposta por A. Badiou – a "meta-estrutura" que permite representar o excesso de classes em relação ao número de elementos, os quais compõem uma determinada situação política[105]. Tendo sido constituído para representar o interesse de classes, o Estado aplica suas normas somente ao indivíduo identificado pelo subconjunto (classificado), ou seja, ao sujeito indexado pelo seu *singleton*: {$}. Mas esse manejo, por parte do Estado, somente se efetua sob condição de apagar, daquilo que ele representa, todo estatuto de apresentação inerente a sua multiplicidade não classificável[106].

A lógica dos agrupamentos

O gesto classificatório sempre foi bastante natural ao pensamento humano, gesto esse que decorre do fato de que existem agrupamentos pensáveis. Ou seja, multiplicidades, múltiplos que fazem "Um". Desde a modernidade, tal gesto (como vimos no Capítulo 2), tendo a norma

[105] A. Badiou assimila a noção "política de Estado" ao que ele propõe por "Estado de uma situação". O Estado seria o que permite tratar aquilo que, na apresentação da estrutura de um conjunto, escapa a sua conta. Essa assertiva encontra seu fundamento no fato de que há sempre um excesso do número de classes em relação ao número de elementos de uma situação determinada. Podemos escrevê-lo, então, em proporções matemáticas: 2^n, ou seja, se um dado conjunto tem 3 elementos, o conjunto das partes terá 8 elementos: {a, b, c} → {a} {b} {c} {a, b} {a, c} {b, c} {0} {a, b, c}. (Isto é o que se deduz do teorema do ponto de excesso, de Cantor: ά < *p* (ά), que se lê: a cardinalidade do conjunto das partes de um conjunto é superior à do conjunto inicial). Assim sendo, o Estado vem a ser a "meta-estrutura" que representa o excesso dos subconjuntos de uma situação dada, mas sob a condição de não considerar o estatuto de apresentação dos indivíduos que a ele pertencem; tratando-os, dessa maneira, como unidades representadas em termos de inclusão e não de pertencimento. Indicamos ao leitor interessado nas nuances que constituem essa elaboração: Meditações 7, 8 e 9. In: BADIOU. *O ser e o event*; TEIXEIRA. *O topos ético da psicanálise*, p. 170-171.

[106] BADIOU. *O ser e o evento*, p. 92.

como referência, passa a ser o modelo privilegiado para lidar com o problema da intersubjetividade. Estudemos, então, em J.-C. Milner[107], alguns requisitos lógicos determinantes para pensar os agrupamentos. Em primeiro lugar, basta, para tanto, que se reúnam vários elementos numa classe sobre uma propriedade definida, do tipo *x* é *p*, e que se construa, exteriormente a ela, uma outra classe sem tal propriedade como limite: *y* não é *p*. Ou seja, é preciso que se constitua a classe *y* não é *p*, da exclusão, para que uma classe se estabeleça como tal.

Observa-se, dessa forma, que, ao constituirmos uma classe, inevitavelmente, ela comportará um efeito de segregação. Pois, quando não há pelo menos duas classes, a própria noção de classe perde sua consistência. Ou seja, torna-se indiferente afirmar que exista umaou nenhuma classe. Relembremos uma característica fundamental da norma: "só uma norma pode dar valor normativo a outra norma"[108].

Outro requisito para se formar uma classe consistente ou um agrupamento é que o julgamento de atribuição do tipo *x* é *p* não seja circular (tautológico). Isto é, em *x* é *p*, *x* deve poder ser identificado independentemente de *p*; assim como *p* pode, e deve, ser considerado independente de sua atribuição a *x*. Por exemplo, se há sentido em dizer que todos os corpos são pesados, seria uma tautologia dizer que todos os pesos são pesados. Portanto, para que uma classe seja consistente, é necessário que haja uma independência da atribuição em relação ao elemento ao qual se refere.

O pensamento classificatório também respeita uma espécie de hierarquia de atribuições: parte do indivíduo para chegar à propriedade, organiza a propriedade das propriedades, e daí por diante, constituindo, assim, o mundo dos fatos visíveis, ou da realidade, em unidades cada vez mais amplas de representação. Diríamos, então, que só podemos nos comunicar a partir de coisas que formam classes, já que toda a classificação se funda sobre uma propriedade atribuível. É por isso que podemos identificar a realidade como a integral daquilo que se

107 Cf. MILNER. *Les noms indistincts*, p. 105-106; TEIXEIRA. "Do bom uso da besteira na experiência analítica". In: Ágora.

108 EWALD. *Foucault, a norma e o direito*, p. 107.

representa, ou seja, ela seria composta por uma rede de classes, propriedades e atribuições.

As classes simbólicas

Mas quando se trata de agrupar sujeitos, há uma diferença importante, distinta de quando se formam grupos de coisas, do tipo constelações estrelares ou classe botânica das coníferas. Pois, ao agrupar sujeitos, conforme nos aponta J.-C. Milner, as classes que assim se constituem não se fundam sobre nenhuma propriedade representável. Ou seja, não há nada que justifique *a priori* a inclusão de um sujeito numa classe simbólica determinada, ou que o defina como pertencente a uma comunidade. Isso quer dizer que o sujeito é agrupado numa classe a partir do efeito de alienação a um nome, mediante o qual ele se encontra identificado ao mesmo gesto que o designa. J.-C. Milner ressalta, ainda, que isso é verificável com especial clareza nos procedimentos de insultos, quando alguém é chamado de "porco", "lixo", "dejeto". Nesse caso, o sujeito é convocado a portar um nome cujo conteúdo de propriedade se restringe apenas ao proferimento de um nome. A circularidade aqui seria incontornável: só é tal aquele que assim se nomeia, ainda que ele o seja somente no momento em que é nomeado. "A propriedade não subsiste fora da nomeação"[109]. Assim, ao classificar sujeitos, não se constata a independência da propriedade do elemento ao qual ela confere atribuição. Pois há somente um nome que identifica o sujeito a uma classe, e essa identificação é estritamente correlata ao gesto que o designa.

Mas o procedimento do insulto é apenas um exemplo dentre outros, mais claro, sem dúvida, dado que a língua o isola. Entretanto, a mesma estrutura se encontra nas classes normativas. É o caso, por exemplo, de dizer que o sujeito é proletário, é burguês, ou mesmo que é perigoso.

Se pudermos afirmar que a designação de indivíduo perigoso foi, como vimos no capítulo anterior, fruto de uma interação forjada nos limites dos saberes disciplinares, jurídico e psiquiátrico, e, por conseguinte, destituída de referente prévio, é porque a classe em questão se define aqui como pura criação de nome. Pois não há nada que justifique,

[109] MILNER. *Les noms indistincts*, p. 108.

a priori, a inclusão de sujeitos na classe dos perigosos, dado que não é passível de dedução ou inferência uma tal classe no espaço natural. Em outras palavras, podemos formular que, numa classe simbólica de tal maneira formada, a propriedade que designa o sujeito não subsiste sem o significante que o profere. Sendo assim constituída, a classe dos perigosos estará, permanentemente, exposta ao risco de dispersão. Talvez por aí seja possível explicar a necessidade social de isolar esse risco permanente: facilitar a sua identificação e contabilização, assegurando, assim, o total controle sobre ela e garantindo uma não dispersão por meio do policiamento permanente das unidades que identificam o indivíduo a tal representação.

Vale salientar, a propósito da polícia das identidades, que J. Bentham chega a propor vários métodos em seu dispositivo Panóptico de vigilância, no sentido de apagar qualquer incerteza quanto às identidades. Para que haja o total controle do indivíduo pelo Estado, ali onde a polícia se faz necessária, cada indivíduo teria não somente um uniforme, mas uma placa numerada ou, até mesmo, uma marca gravada sobre a pele[110].

Um dos grandes problemas desse método classificatório, utilizado pela contabilidade estatal, reside no fato de desconsiderar aquilo que, de um determinado sujeito, resiste à nomeação. Podemos entrever o que acabamos de afirmar na análise que faz J-A. Miller do Panóptico de J. Bentham. Ouçamos, primeiramente, o que nos diz Miller a propósito do gesto classificatório utilitarista: "Os homens, as palavras – trata-se de estancar suas flutuações, de cercar todos os deslocamentos, de fixá-los de uma vez por todas a um lugar, ou pelo menos de jamais perdê-los de vista em seus movimentos, de congelá-los"[111]. E, diante dessa constatação, o autor prossegue: "as tabelas benthamianas são prisões de palavras; inversamente, todos os edifícios benthamianos são

110 Cf. MILLER. "A máquina panóptica de Jeremy Bentham". In: *O Panóptico ou a casa de inspeção*, p. 92-93.

111 MILLER. "A máquina panóptica de Jeremy Bentham". In: *O Panóptico ou a casa de inspeção*, p. 90.

classificações materializadas"[112]. Por fim, conclui: "Para o utilitarista, o discurso e o real são reversíveis, sem resto"[113].

Se considerarmos que o utilitarista parte do princípio da adequação, ou seja, a operação de representação de um indivíduo a um nome não produz restos resistentes a tal nomeação, e, como vimos, as classes assim formadas estarão permanentemente expostas ao risco de dispersão. Daí, pode-se perguntar: como esse programa lida com a inquietude dos desejos que jamais se satisfazem?

Busquemos uma resposta na leitura proposta por J.-A. Miller do Panóptico de Bentham. Considerando que a casa panóptica é o lugar das coexistências, ele diz: "A vida da instituição é constituída da passagem incessante de uma classificação a uma outra"[114]. Sublinhemos que, embora tudo aqui não passe de uma questão de separação e reunião de classes, para o utilitarista, essas operações são totalmente reversíveis e não deixam nada escapar do registro que a linguagem comporta, ou melhor, aprisiona.

Entretanto, a esse programa disciplinar classificatório, conforme denuncia A. Teixeira[115], uma ressalva se faz: por mais que se formem classes que garantam a fixação das identificações, (in)felizmente ninguém consegue crer inteiramente nessas representações que colocam o sujeito num determinado agrupamento. Pois há sempre alguma exigência pulsional que resta à margem do nome e não se deixa representar em uma unidade. As mais variadas manifestações das formações do inconsciente, como se vê na irrupção dos sintomas, dos chistes e dos atos falhos, e ainda, mais radicalmente, nos diversos delírios psicóticos, são testemunhas d'*isso*.

Assim, tomemos as formações do inconsciente, descobertas por Freud, como o ponto de partida da psicanálise. Ponto esse que se define

112 MILLER. "A máquina panóptica de Jeremy Bentham". In: *O Panóptico ou a casa de inspeção*, p. 90.

113 MILLER. "A máquina panóptica de Jeremy Bentham". In: *O Panóptico ou a casa de inspeção*, p. 91.

114 MILLER. "A máquina panóptica de Jeremy Bentham". In: *O Panóptico ou a casa de inspeção*, p. 91.

115 Cf. TEIXEIRA. "Do bom uso da besteira na experiência analítica". In: *Agora*, p. 275-276.

como irrupções que indicam uma certa inadequação, ou desacordo fundamental do sujeito em relação a uma representação normativa.

A psicanálise em contraposição às classes simbólicas utilitárias

Aceitando o convite que nos faz essa temática do acordo, prosseguiremos tomando-a do ponto de vista da diferenciação entre psicanálise e pensamento utilitarista classificatório. Relembremos que, embora do ponto de vista desse último não haja nada que não se esquive à nomeação, as formações do inconsciente, sempre testemunhando o desacordo, vêm dar voz ao que insiste em permanecer à margem da palavra ordenadora de um agrupamento.

É incontestável que os agrupamentos assim constituídos, pela proliferação de nomes, produzem efeitos sobre os seres falantes. E, se a psicanálise é convocada diante do mal-estar geral nesse contexto em descontinuidade com o processo, ela o faz na medida em que tem algo a dizer frente à dificuldade que o sujeito experimenta em se adequar à unidade da classe que o representa.

Assim, conforme esclarece A. Teixeira, cabe à psicanálise – ao contrário do programa normalizador das disciplinas utilitaristas, que visam adequar e fixar o indivíduo a uma representação – colher os efeitos dessa adequação normalizadora e operar no sentido oposto a tal programa[116]. Ou seja, cabe a ela desfazer a unidade de representação na qual se aloja, identificado, o sujeito. Trata-se, ainda, de expô-lo enquanto singularidade não classificável, de expor sua apresentação essencialmente cindida, isto é, sua divisão[117].

[116] Cf. TEIXEIRA. "Do bom uso da besteira na experiência analítica". In: *Agora*, p. 276-277.

[117] Ao que tudo indica, a responsabilidade, ou seja, a resposta do sujeito de não ceder sobre o desejo, se encontra inter-relacionada, de maneira complexa, com uma dupla causalidade que supõe uma ética coordenada por um real. O percurso de uma análise ilustra bem isso. Do ponto de vista da causa significante, temos a identificação do sujeito condicionado aos nomes que o representam e que o fixam ao sintoma. Essa causa permite a generalização do sujeito nas estruturas clínicas. Assim, o tratamento psicanalítico visa, justamente, à queda progressiva dessas identificações (destituição subjetiva), ou seja, à queda sucessiva das causas significantes

Diante dessa última hipótese, de que o tratamento psicanalítico visa à queda progressiva das identificações, nada nos surpreenderia se nosso leitor se encontrasse absorto em questões tais como aquelas formuladas por A. Teixeira[118] e que aqui fazemos também nossas: se a psicanálise diz que vai expor aquilo que não é classificável, como ela faz quando se serve da inclusão do sujeito no termo diagnóstico? Ou: quando se estabelece um diagnóstico psicanalítico, que, certamente, se vale da inclusão classificatória (tal sujeito é psicótico, histérico ou obsessivo), tal procedimento não estaria sob a mesma égide da psiquiatria? Convidaríamos o paciente leitor que nos acompanhou até aqui para trilharmos juntos as veredas que já se anunciam no horizonte: as rupturas epistemológicas inevitáveis.

Continuemos nos guiando por J.-C. Milner, que, em seu livro *Les noms indistints*, nos indicará o tipo de classificação que a psicanálise pratica: "classes paradoxais". Portanto, se quisermos entender qual é a resposta da psicanálise a esse efeito de fixação normativa do sujeito numa classe simbólica, temos, antes de tudo, que procurar entender o que são as classes paradoxais, ou as classes dos inclassificáveis. Trata-se de uma classe sem permanência, que se autodissolve, como o próprio nome já diz, no paradoxo do efeito dispersivo suscitado por si mesma e cuja natureza se revela estranha à estabilidade de agregação proporcionada pelas representações.

Para esclarecer o fundamento do qual se trata nessa classe, J.-C. Milner cita o emblemático apólogo dos três prisioneiros, antítese lacaniana de Huis Clos[119]. Nesse apólogo, encontramos uma classe que se funda na descoberta gerada a partir do próprio movimento de dispersão de seus

e à exposição da singularidade essencialmente cindida. Em um suposto final de análise, então, teríamos um sujeito descondicionado da causa significante, um resto, um real, uma face pulsional da causa: o objeto (a). Daí poderia renascer um sujeito que se percebe na posição de objeto, determinado pelo Outro. Entretanto, dele, o sujeito poderia resguardar uma margem, margem essa que possibilitaria escrever uma resposta singular. Cf. MILLER. *Cause et consentement*. Trabalharemos mais detidamente, no capítulo seguinte, o que aqui chamamos de dupla causalidade e causa pulsional.

118 Cf. TEIXEIRA. "Do bom uso da besteira na experiência analítica". In: *Agora*, p. 276.

119 *Vide* Anexo 2. Ou pode-se encontrar a análise lacaniana do referido apólogo em: LACAN. "O tempo lógico e a asserção de certeza antecipada". In: *Escritos*, p. 197-213.

elementos. Ou seja, os três prisioneiros têm que sair, cada um por si, e, nesse movimento que visaria antes a sua dispersão, a seu termo, temos um agrupamento formado pelos três elementos que saem no mesmo momento. O que nos interessa destacar aqui é o fato de que o grupo não se cria a partir da solidariedade entre os membros, mas sim pelo movimento dispersivo acrescido da pressa, o que vai permitir a precipitação da conclusão. Assim, se não houvesse o movimento da pressa, não seria possível que os prisioneiros deduzissem a cor do disco que têm nas costas, pois não há nada da observação representável que lhes permitiria fazê-lo. Há, por parte de cada um, apenas o desejo de sobreviver e o movimento da pressa de concluir, os quais, longe de agrupá-los, colaboram ainda mais para a disjunção absoluta entre si.

Quanto ao sujeito designado por um nome próprio, como poderia ele consentir a essa designação de um modo diverso daquele instituído pelas classes simbólicas? Trata-se aqui de um ato de invenção, cuja lógica tentaremos elucidar a seguir, servindo-nos de um filme como ilustração. É verdade que já existe algo no sujeito, no que diz respeito ao conteúdo, que poderá vir a ser nomeado pelo predicado. Mas esse nome, num primeiro tempo, permanece em suspenso. Assim, a temporalidade do julgamento atributivo que nomeia o sujeito se encontra incessantemente entrelaçada.

Uma resposta paradoxal em Matrix

Tomemos a instigante obra cinematográfica *Matrix* para ilustrar a lógica envolvida no processo. Ajustemos, então, nosso foco no personagem protagonizado por Keannu Reeves. Ele representa um homem dividido entre duas identidades. Durante o dia, representa um respeitável programador de computador que leva uma "vida normal", trabalhando numa grande empresa de informática. À noite, vive o *hacker*, que se nomeia "Neo", responsável por quase todos os crimes por computadores descritos na legislação. Como *hacker*, por meio de um movimento oposto ao trabalho que desempenha na empresa de informática à luz do sol, ele vai colaborar para a destruição do produto desse mesmo trabalho. Em seus devaneios e sonhos, Neo está sempre em busca de "Morpheus"[120],

[120] Morpheus é o deus grego do sonho, filho do sono e da noite. O único, pelo mito, que anuncia a verdade.

o inimigo número um da Matrix, cuja vida se dedica à procura daquele ("*the One*") que, segundo as profecias, viria como o "Escolhido" para salvar a humanidade dos controles das máquinas, a própria Matrix.

Um dia, enquanto Neo dormia, Morpheus o descobre e, por meio de sinais, marca um encontro com ele. Como na história de *Alice no país das maravilhas*, Neo não deixa de seguir o coelho branco (aquele que está sempre com pressa e sentindo-se em atraso, às voltas com as questões do tempo) e de fugir dos que, a partir daí, serão seus perseguidores, os "Agentes", cuja função seria resguardar a ordem normativa da Matrix. Ou seja, se compararmos a Matrix com a essência do Panóptico de J. Bentham[121], os tais "Agentes" desempenhariam o ofício da "polícia das identidades", cuja função seria assegurar, na realidade, as identidades representativas dos indivíduos e impedir que se produzam os efeitos dispersivos do acontecimento que marcaria o encontro de um sujeito com a verdade.

Propomos aqui que Neo, ao termo do filme, quando consente a essa designação de ser "o Escolhido" ("*the One*"), como veremos a seguir, forja uma resposta que se aproxima de uma classe paradoxal. E que, nesse consentimento, há o entrelaçamento temporal do julgamento, sobre o qual comentávamos acima. De modo que existe uma antecipação do sujeito sobre o predicado, dado que o primeiro já coloca o Um do real, cujo nome, num segundo tempo, marca a sua singularidade. Esse Um, então, seria nomeado apenas no instante em que o enunciado se abre. Entretanto, ao mesmo tempo, ele já estaria lá, persistindo em suspensão, em simples escansão e não como nome, dado que não era apropriado pelo sujeito. Ou seja, apesar de o sujeito Neo ter sua identidade representativa no mundo da Matrix como um grande programador de computadores, dentre outras, essas representações não o fixavam inteiramente. Existia algo em suspensão que se esquivava a essa ordenação normativa e não se deixava classificar. Esse algo, entretanto, persistia em suspenso, como um

[121] A comparação feita entre a Matrix e o Panóptico é bastante feliz se a tomarmos a partir do que, a nosso ver, é a consideração essencial. Em ambas, manifesta-se aquilo que Lacan chamou de caráter perfeitamente calculável de um sujeito reduzido à fórmula de uma matriz de combinações de significantes. Matriz em que todos são assujeitados, mas em que ninguém é o mestre. Relembremos que, nesse modelo referenciado na norma, não há vontade do soberano e nem sujeito da enunciação, assim como vimos no capítulo anterior.

"mal-estar" ainda não apropriado pelo sujeito. Esse mal se manifestava nas insônias, enquanto vivia o Neo pertencente à classe dos *hackers*, e nos sonhos, enquanto se encontrava nos braços de Morpheus.

Mas perguntaríamos: o que poderia fazer com que Neo deixasse de viver sua "vidinha normal", na qual fazia programas de computadores durante o dia e bolava formas de destruí-los à noite? O que poderia acontecer para que ele fosse convocado intimamente a rever tudo aquilo que até então se deixava representar de uma classe a outra? Diríamos que *Matrix* nos mostra um sujeito que, diante do encontro com a verdade, não recua.

Retomemos aqui o segundo ponto envolvido na temporalidade do julgamento. Ponto esse que se entrelaça ao primeiro (a antecipação do sujeito ao predicado), cujo comentário já traçamos acima. Nesse sentido, há também, conforme elucida J.-C. Milner, a retroação do predicado na direção do sujeito. Seria o instante, marcado pela contingência, em que o enunciado se limita e nomeia aquilo que do sujeito já se encontrava lá, porém em suspensão (mal-estar ainda não nomeado de "Neo" enquanto *hacker*, destruindo, por meio de um movimento paradoxal, tudo o que ele mesmo construíra durante o dia). Seria, justamente, aquilo que o constitui como Um do real, ou seja, sua posição quanto a seu desejo[122].

A corrida contra o tempo não desempenharia apenas um atrativo comum aos filmes de ficção. Mas, ao contrário e principalmente, tal como no apólogo dos três prisioneiros, o movimento da pressa vem desempenhar de modo determinante a tomada de posição do sujeito em sua precipitação em concluir. Assim, a partir do encontro com a verdade, seja no trabalho de distorção de seus sonhos, seja nos traços contingentes que lhe suscitavam dispersão ou mesmo nas rupturas enigmáticas que lhe eram dirigidas fora da cadeia da linguagem (como a frase "siga o coelho" que se escreveu sozinha em seu computador e o levou a seguir a mulher com o coelho tatuado no corpo), ele teria as confirmações advindas do lugar do Outro, de forma sempre instável e, por isso, exigiam-lhe uma escolha, no mesmo instante, antes que esvanecessem.

Enfim, chegamos à última menção ao filme *Matrix*, com a qual pretendemos apontar o descompasso entre sujeito e verdade com relação

[122] Cf. MILNER. *Les noms indistincts*, p. 120

ao tempo. Podemos entrevê-la na trajetória de Neo. Essa trajetória vai desde as primeiras irrupções que sinalizavam um certo desacordo com as representações em seus sonhos até seu consentimento em responder às contingências dos fatos, de forma paradoxal com a ficção de "Neo, o Escolhido". Notemos sempre a persistência de algo que resta à nomeação, marca do constante desacordo em relação aos passos atrasados no tempo.

Entretanto, divergindo da posição consentida pelo personagem Neo, em *Matrix*, haveria aqueles que, diante do encontro com a verdade, vacilam e recuam. Evidentemente, como aponta A. Teixeira[123], no espaço da inquietude face à instabilidade da verdade – essa total ausência de garantia do encontro, falta de representação discernível para o acontecimento singular –,não é de se espantar que o sujeito vacile, recue e por fim renuncie ao desejo. Pois, se é sabido que o encontro com o real não tem duração definida, então que sentido faz propor para si próprio algo que é destituído de permanência, que nem sequer se deixa representar?

Igualmente, não nos espantaria que, diante da experiência dispersiva provocada por esse encontro, venham somar-se, aos detentores dos saberes disciplinares, aqueles dedicados a suprimir os eventuais efeitos que tal experiência provoca, com o objetivo de assegurar a permanência das representações sociais.

Os funcionários do "Laço imaginário"

Libertos da inquietude que a experiência dispersiva ocasiona, esses funcionários do Laço imaginário, como J.-C. Milner[124] os chama, são dedicados à tarefa de proclamar em coro que só tem valor a representação coesa proporcionada pelos agrupamentos.

O nome dessa paixão conformista é a canalhice, a paixão própria da renúncia ao desejo. Por ela, "o sujeito vê, mas não olha; ele ouve, mas não escuta; ele até faz a experiência do encontro e a reconhece, mas dela não quer nem saber"[125]. E, tomando como axioma que o desejo não existe, a máxima canalha reconsidera o proferimento ético de

[123] Cf. TEIXEIRA. "Do bom uso da besteira na experiência analítica". In: Ágora, p. 279.

[124] Cf. MILNER. " La canaillerie". In: *Les noms indistincts*, p. 124-131.

[125] MILNER. " La canaillerie". In: *Les noms indistincts*, p. 127.

não ceder sobre o desejo, substituindo-o pela obstinação de não ceder sobre a demanda. Dela deriva a postura ambiciosa e oportunista do pequeno canalha, personagem enfadonho tão comum em nossos dias, cuja vida é dedicada à experiência de sucesso (demanda satisfeita) e do fracasso (demanda insatisfeita). Mas esse tipo menor não teria tanta importância se a ele não se aliasse, conforme ressalta A. Teixeira[126], a forma suprema: a canalhice maior – aquele que consagra a sua existência ao exercício de consolidar o Laço absoluto. Sua função seria a de impedir, de forma profilática, a emergência do real, negando-lhe todo poder de convocação e, num sentido oposto, se esforçaria para fixar o sujeito à estabilidade da representação, evitando, com isso, a qualquer custo, a experiência dispersiva suscitada pelo encontro.

Assim, podemos reconhecer o canalha em suas diversas declinações de tipos. Por exemplo, o gentil personagem com que o fervoroso auditório do programa televisivo aclama escandalosamente: "Typpy é um barato, ele tem força de vontade!", nas cenas iniciais do filme "Réquiem para um sonho"[127]. Trata-se do programa de auditório predileto da personagem Sara, protagonizada por Ellen Burstyn, cujo sonho era, tal como o próprio apresentador, ser linda e magra conforme os padrões sociais e então merecer a aclamação do auditório: "Sara é um barato!". Outro exemplo pode ser vislumbrado nos oficiais nazistas durante o processo de julgamento de Nuremberg que alegavam inocência, desconhecendo as inúmeras torturas que cometeram durante a guerra, pois afirmavam que somente estavam cumprindo ordens de seus superiores, portanto não reconheciam seus atos como próprios[128]. Por fim, podemos reconhecer o canalha também num candidato populista, candidato a um cargo público que, respondendo ao tribunal que o acusava por ter infringido as regras ao veicular na mídia uma

[126] Cf. TEIXEIRA. "Do bom uso da besteira na experiência analítica". In: *Agora*, p. 280.

[127] "Réquiem para um sonho", Diretor: Darren Aronfsky, 2002. Baseado no livro de Hubert Selly, "Requiem for a Dream".

[128] Deteremo-nos, no subcapítulo 3.2, à lição tirada por Lacan do próprio julgamento de Nuremberg, do qual ele extrai elementos fundamentais para delimitar a noção de responsabilidade, a partir de uma ética que vise à consequência que advém de um ato, qual seja: após uma guerra, não se pode responsabilizar somente a nação participante; cada pessoa envolvida também deve responder pelos seus atos.

propaganda possivelmente ofensiva à imagem do adversário, declara: "Não fui eu quem fez tal ofensa e sim meus marqueteiros".

De qualquer modo, seja qual for o representante, não há como negar que a atitude canalha nos libera da inquietude que vem marcar o encontro do sujeito com a verdade e convocá-lo a dar uma resposta singular, constituindo assim, uma classe paradoxal. É por isso que, "malvado ou gentil, arrogante ou polido, o canalha está sempre destinado a ter sucesso junto ao gênero humano"[129]. Por meio desse gesto apaziguador, o canalha obteria o certificado de garantia de perenidade social e até mesmo, quem sabe, conquistaria um cargo público no alto escalão do governo à disposição nas próximas eleições!

Mas o resultado desse gesto apaziguador, conforme denuncia A. Teixeira, é que a constituição social dos canalhas, em bando, inevitavelmente, desembocará numa besteira coletiva. Ou seja, essa mesma besteira seria o fator estruturante da estabilidade do laço social. Aos que ainda não se livraram dessa inquietude acarretada pelo encontro com a verdade, resta uma saída, mais trabalhosa sem dúvida. Pois há que se livrar da inércia subjetiva que nos conforma à comunidade do pensamento pronto e, desse modo, nos responsabilizar não só pelo que pensamos mas, sobretudo, pelas consequências que daí possam advir. Continuaremos a percorrer esse caminho sem garantias, retomando-o a partir de nossos exemplos sobre aqueles que não recuaram e consentiram em dar uma resposta singular.

Psicanálise: uma resposta singular e sem garantias

Assim como no apólogo dos três prisioneiros, ou no filme *Matrix*, o sujeito do qual trata a psicanálise não dispõe, na estabilidade de toda representação pensável, de nenhum sinal que permita inferir a classe paradoxal que o designa. E, do mesmo modo, é preciso, diante do encontro com a verdade, concluir o mais rápido possível. Pois, conforme diz J.-C. Milner, a procrastinação é consentimento a ceder quanto ao desejo, assim como ela era, no referido apólogo, sinônimo de morte[130].

[129] MILNER." La canaillerie". In: *Les noms indistincts*, p. 131.

[130] MILNER. "La canaillerie". In: *Les noms indistincts*, p. 124.

Percebemos, então, como marca da psicanálise, uma instabilidade e uma ausência total de garantias quanto à permanência, no que diz respeito à relação entre sujeito e verdade. Daí, dada essa instabilidade, ser tão preciso e precioso operar a partir de um cálculo sobre o tempo. A consideração sobre o tempo é um fator determinante para o desempenho da prática analítica. Assim, diversamente da atitude filosófica que visa à estabilidade do saber permanente de uma verdade atemporal, que surge somente depois que tudo aconteceu, a psicanálise, como toda antifilosofia, segundo a proposta de A. Badiou, se propõe a acontecer no momento mesmo em que algo acontece[131].

Embora a psicanálise se sirva de termos homônimos àqueles utilizados pela psiquiatria para agrupar uma certa coleção de casos, esses termos apenas lhe interessam como instrumentos destinados a captar a dimensão subjetiva, naquilo que resiste à representação, ou seja, que resiste a ser incluído em uma coleção. Enquanto a nosografia psiquiátrica se edifica por proporções de classes de similitudes e de oposições, podendo, assim, enumerar e tratar os sintomas como sendo propriedades caracterizantes, a psicanálise, como propõe J.-C. Milner[132], retoma os termos homônimos dessa disciplina sob uma espécie de singular genérico, para nomear aquilo que de um sujeito se esquiva à representação na língua.

Diríamos ainda que, quanto à convocação do sujeito a um nome, seja esse psiquiátrico ou outro qualquer, uma ressalva se faz: a classe paradoxal convocada por esses nomes não é suscitada por eles. Conforme elucida J.-C. Milner, não basta a simples proliferação dos nomes para se fazer um caso, contrariamente ao que acreditavam os nominalistas. Aliás, se assim fosse, estaríamos no registro da classe simbólica. Ou seja, nenhuma voz vinda, sabe-se lá de onde, poderia capacitar o sujeito a restituir um chamado a sua posição e dizer-lhe: "Tu és tal". Portanto, o nome que visa à subjetividade, paradoxalmente, pode vir apenas do próprio sujeito, de sua posição excedente a toda representação discernível.

[131] Por antifilosofia, A. Badiou discrimina "qualquer dispositivo de pensamento que oponha a singularidade de um ato à categoria filosófica de verdade". Cf. BADIOU. "Lacan- a Antifilosofia e o Real como Ato". In: *Letra freudiana*.

[132] MILNER. *Les noms indistintcts*, p. 124.

Então, no que diz respeito à psicanálise: "O nome de neurótico, de perverso, de obsessivo, ou qualquer fato semelhante somente nomeia a maneira neurótica, perversa, obsessiva que tem um sujeito de ser radicalmente dessemelhante de algum outro"[133]. Em outras palavras, o diagnóstico seria um modo de forjar uma classe para aquilo que não tem classe possível.

Nesse sentido, J.-C. Milner descreve a característica essencial de uma certa vacilação da clínica psicanalítica, que se orienta primeiramente pela apresentação do caso na sua representação do diagnóstico, para, em seguida, retomá-lo na sua singularidade, naquilo que ele tem de absolutamente único[134]. Ou seja, nessa oscilação – ora realista, ora nominalista (e aqui acrescentaríamos a ressalva acima) – é que se pode verificar a própria essência da psicanálise. Essa vacilação da prática analítica, longe de constituir uma falha, seria, antes de tudo, uma tentativa de situar, na cisão da classe paradoxal, a singularidade não classificável do sujeito, no momento mesmo em que essa singularidade excede a qualquer representação, no momento mesmo em que é possível definir uma posição relativa ao desejo.

Assim sendo, para concluir, proporíamos, com J.-C. Milner[135], que o proferimento ético psicanalítico de não ceder sobre o desejo requer, da parte do sujeito, a constituição singular de uma classe paradoxal. Constituição essa que – contrariamente aos ideais normativos classificatórios que aprisionam o indivíduo às representações, fundamento mesmo dos saberes disciplinares e também da atitude canalha – considera um resto, Um do real que se esquiva a toda classificação. Pois o que seria a responsabilidade estabelecida pelo proferimento ético psicanalítico de não ceder sobre o desejo senão a própria resposta singular e paradoxal do sujeito convocado por esse Um do real?

[133] MILNER. *Les noms indistintcts*, p. 119.

[134] Chamamos a atenção do leitor para conferir o que acabamos de afirmar na história de Ângela narrada no primeiro capítulo deste livro.

[135] MILNER. *Les noms indistintcts*, p. 121.

3.2 – Assentimento, consentimento e responsabilidade

Prometemos desenvolver aqui a questão da responsabilidade no que se refere à psicanálise. Sem garantias de chegar a seu termo, partiremos do ponto em que concluímos o capítulo anterior. De maneira imprecisa, localizamos a responsabilidade na emergência da resposta singular do sujeito ao Um do real, que o convoca a não ceder sobre seu desejo. A partir disso, tentaremos explicitar o estatuto de tal resposta e não mais perseguiremos a noção de responsabilidade pela vertente jurídica, pois já o fizemos no Capítulo 2, sob a luz do pensamento foucaultiano.

Vimos, com Foucault, que, desde a nossa modernidade, responsabilidade, liberdade, escolha, intenção, infração, crime etc.. se relacionam para prestar contas não mais diante da lei soberana que dita o certo e o errado, mas diante de uma "normalidade". Vimos, também, como a instituição judiciária integrou-se cada vez mais a outros aparelhos da sociedade normativa que operam por meio dos ditos saberes disciplinares; dentro deles, a psiquiatria, que acaba reforçando-se. Coube a essa última, por meio da ficção de uma "suposta normalidade natural", zelar pelas ficções que correlacionam o grau de "anormalidade" às escalas de perigo e daí imputar a irresponsabilidade ao doente mental. Vimos, ainda, que a psicanálise se destaca do programa classificatório das disciplinas utilitaristas, pois cabe a ela colher os efeitos desse programa normalizador, que visa à adequação e à fixação do indivíduo a uma representação, desfazendo, com isso, essa unidade de representação na qual se aloja, identificado, o sujeito. Essa operação visa à exposição da singularidade não classificável do sujeito, ou seja, sua posição quanto ao desejo, extraindo daí uma responsabilidade ética.

Ora, para galgarmos um passo a mais, antes de enveredar pelos caminhos específicos da responsabilidade na psicose, faz-se necessário precisar, enfim, o estatuto do sujeito em questão para a psicanálise e extrair o ponto onde esse sujeito se relaciona com as leis normativas. Para tanto, utilizaremos, como suporte técnico, os *Escritos* de Lacan – especificamente os textos: "Introdução teórica às funções da psicanálise em criminologia" e "A ciência e a verdade" –, bem como o curso inédito de J.-A. Miller, *Cause et consentement*, ministrado nos anos de 1987 e 1988.

Lacan e a criminologia

O texto sobre a criminologia foi apresentado ao público no auge da promulgação da "Declaração Universal dos Direitos do Homem". Podemos reconhecer aí uma intervenção social de Lacan. Consideremos, para isso, que essa declaração foi a resposta harmônica dada pelos países civilizados ao nazismo, logo após o julgamento de Nuremberg, e que seu conteúdo visava criar novas regras para impedir a violência e os horrores futuros como aconteceram no Holocausto. Lacan[136], então, vem quebrar toda pretensão harmônica, lançando acordes dissonantes, ao trazer, com vigor, a melodia principal contida na máxima de São Paulo: "a lei que faz o pecado". Ou seja, nesse momento, Lacan assinala que a existência de novas normas não suprimirá a violência nem as infrações.

Dessa intervenção de Lacan nos interessa, sobretudo, destacar dois pontos. O primeiro é que nem o crime nem o criminoso são objetos que se possam conceber fora de sua referência sociológica. Daí advém a concepção de responsabilidade que podemos extrair, isto é, o castigo que, segundo Lacan, é uma característica essencial à ideia de homem que prevalece numa dada sociedade. O segundo ponto em questão é uma lição que pode ser tirada do próprio julgamento de Nuremberg – ao qual Lacan faz várias referências em seu texto –, qual seja: após uma guerra, não é possível responsabilizar apenas a nação participante: cada pessoa envolvida também deveria responder pelos seus atos. Trilhemos, então, o texto em questão sob essas duas perspectivas.

Se mantivermos a postura semelhante a uma atenção flutuante, ouviremos, nesse

texto de Lacan, logo de início, a introdução do termo "responsabilidade", aparentemente sem nenhuma modificação e, portanto, de acordo com sua significação inicial, que é correlacionada à noção de culpa. Mas, a seguir, perceberemos o esvaziamento da conotação

136 Marcamos aqui uma característica própria a toda posição antifilosófica, da qual, segundo A. Badiou, Lacan compartilha: a necessidade de agir em cima de determinado momento, em cima de um determinado impasse.

moral imputada ao termo, favorecendo a sua disjunção com a culpa. E, num passo além, ouvir-se-á uma eventual reaproximação de sua raiz semântica: resposta. Essa proximidade semântica, que avizinha os termos resposta/responsabilidade, acrescida das explorações das passagens de um termo a outro, possibilitou que ouvíssemos aí o adágio lacaniano: "o sujeito não é culpado, mas ele é responsável", ou seja, é passível de resposta. Melhor dizendo: "o próprio sujeito já é uma resposta", conforme tentaremos precisar melhor mais adiante[137].

O assentimento como resposta singular às normas sociais

Tal constatação – disjunção entre responsabilidade e culpa – também pode ser certificada quando estudarmos mais detidamente algumas passagens essenciais do texto. Logo veremos que o elemento que permite operar tal disjunção é o assentimento. Nesse caso, assentimento ao castigo, ditado socialmente como punição para um crime. Ouçamos, então, o que nos diz Lacan:

> Toda sociedade, por fim, manifesta a relação do crime com a lei através de castigos cuja realização, sejam quais forem suas modalidades, exige um assentimento subjetivo. Quer o criminoso, com efeito, se constitua ele mesmo no executor da punição que a lei dispõe como o preço do crime [...], quer a sanção prevista por um código penal comporte um processo que exija aparelhos sociais muito diferenciados, esse assentimento subjetivo é necessário à própria significação da punição. As crenças mediante as quais

[137] Nesse mesmo movimento, pode-se ilustrar o próprio gesto de Abraão ao levar Isaac ao sacrifício, já que aí se afirma uma resposta, em que o sujeito posiciona sua responsabilidade. Aliás, esse exemplo do sacrifício de Isaac mencionado por Lacan, na única aula do seminário *Les noms du père*, soa-nos bem para dizer da responsabilidade tratada aqui. Pois, no episódio vivido por Abraão, lembremos que ele não havia pedido perdão a Jeová, já que não caberia tal arrependimento. Tudo se passa num tempo anterior, quando não haveria lugar para interesses a serem assegurados. Daí pode-se concluir que a ideia de arrependimento não se vincula, necessariamente, à noção de responsabilidade, quando esvaziada do sentido moral que habitualmente lhe atribuímos.

> essa punição se motiva no indivíduo, assim como as instituições pelas quais ela passa ao ato no grupo, permitem-nos definir, numa dada sociedade, aquilo que designamos, na nossa, pelo termo responsabilidade.[138]

Portanto, notemos que, pela punição, pode-se definir a responsabilidade. Essa última pode ser tomada de forma universal, pois, em todas as sociedades, as formas de castigo manifestam sempre a resposta do crime à lei. Mas, ao incluir "as suas modalidades" de respostas, Lacan recorre ao assentimento subjetivo para dizer que há possibilidades particulares de responder à punição. Pelo assentimento, enfim, haveria a legitimação da punição preconcebida numa pena ideal a ser aplicada e uma resposta particular a essa punição ideal. Para Lacan, esse assentimento seria necessário à própria significação da punição. Ou seja, o assentimento subjetivo encerraria, justamente, o nó em que a normatividade social e a responsabilidade do sujeito se encontram. Entretanto, longe de servir para pensar o cumprimento da norma, o conceito de assentimento pode nos orientar acerca da problemática do sujeito em suas relações com a lei e, sobretudo, com seus impasses diante da mesma lei. Não esqueçamos que a lei da qual se trata aqui não é a mesma que determina as ficções jurídicas normativas – essa sim, ideal –, mas a convocada pelo assentimento que institui o particular visado pela psicanálise.

Lacan, no parágrafo transcrito anteriormente, ainda nos fala das crenças mediante as quais a punição se motiva no indivíduo como sendo da ordem da responsabilidade. Pois bem, aí se relacionam os modos particulares de o sujeito assentir a uma resposta. Ou seja, o assentimento pode ser definido como a própria crença do sujeito, segundo a qual ele não só pode como deve se responsabilizar por seus atos perante a sociedade[139].

138 LACAN. "Introdução teórica às funções da psicanálise em criminologia". In: *Escritos*, p. 128-129.

139 Lembremos do caso catalogado por Foucault, Pierre Rivière, que se encontra mencionado no Capítulo 2 deste livro. Caberia lembrar que ele foi sentenciado à morte (punição por seu triplo assassinato), e que tal pena foi comutada para prisão perpétua, graças à intervenção dos psiquiatras do grupo de Esquirol junto ao Rei. Rivière, então preso, após quatro anos decorridos do crime, executa, ele

Para apoiar sua tese sobre o assentimento, desvinculando-o do sentimento de culpa, Lacan recorrerá ao estudo de Malinowski, *Argonautas do Pacífico Ocidental*, realizado com os habitantes das ilhas Trombiand. Nessa sociedade primitiva, a tradição assegura a relação da lei com o castigo. A legalidade diz respeito às estruturas simbólicas da tribo, que, por sua vez, estão vinculadas ao grupo e não ao indivíduo. Desse estudo, Lacan cita, especificamente, um caso de incesto entre primos matrilineares. Malinowski ressalta que esse fato é, aos olhares dos primitivos, extremamente grave e que o costume determina como castigo uma autopunição: o suicídio. Mas, ao suicidar-se, obedecendo a um ritual complexo, o indivíduo estaria, segundo tal lógica, vingando-se e reabilitando-se moralmente perante a tribo. Assim, ao punir-se conforme a tradição, pode-se dizer, com Lacan, que houve assentimento[140].

Ainda no texto "Introdução teórica às funções da psicanálise em criminologia", Lacan ressalta que nossa época - uma civilização cujos ideais são cada vez mais utilitários - apresenta vacilações sobre a noção de responsabilidade, pois o castigo - uma característica essencial da ideia de homem que prevalece numa dada sociedade - não pode se fazer conhecer por meio da sua significação expiatória. Então, numa sociedade como a nossa, não se pode medir a responsabilidade do sujeito recorrendo à tradição, conforme foi possível fazer no estudo de Malinowski, realizado com os habitantes das ilhas Trombriand, pois, para esses primitivos, o ideal de homem está claramente inserido no costume. Lembremos que o ideal de punição, em nossa sociedade,

mesmo, sua própria pena: enforca-se na penitenciária. Aliás, punição a que ele já assentira, e que se encontra catalogada no *Memorial*, escrito, de próprio punho, logo quando foi detido, antes mesmo do julgamento. Nesse *Memorial*, Rivière diz: "[...] aguardo o destino que me é reservado, conheço o artigo do Código Penal referente ao parricídio, eu o aceito para expiação de minhas culpas; ai de mim, se ainda pudesse ver reviver as infelizes vítimas de minha crueldade, se para isto fosse apenas necessário suportar todos os suplícios possíveis; mas não, é inútil, só posso segui-las". FOUCAULT. *Eu, Pierre Rivière*... p. 112.

140 Sugerimos ao leitor reportar-se à dissertação de mestrado: SALUM. *A psicanálise e a lei*. No capítulo 3, a autora faz uma leitura minuciosa desse estudo de Malinowski, ao qual se refere Lacan. Dele retiramos os elementos essenciais deste parágrafo. Segundo a autora, não se encontra no relato sentimento de culpa pela transgressão, cujo desfecho é o sujeito punir-se da maneira que a lei dispõe como preço do crime.

repousa na ideia de transformação do homem e supõe que, por meio do cumprimento da pena, haverá correção do criminoso. Em tal sociedade, segundo Lacan, "os ideais do humanismo se resolvem no utilitarismo do grupo"[141]. O utilitarismo, como vimos no Capítulo 2 deste livro, comporta o que podemos chamar de concepção sanitária em penologia, cuja essência se resume na inter-relação das instituições disciplinares que visam à classificação do criminoso numa escala de periculosidade. Não se admira que, em uma sociedade assim constituída - onde há aparelhos que falam pelo criminoso, e que cultiva o ideal de classificação objetiva para prevenir os crimes –, o assentimento estará cada vez mais dificultado, assim como o aparecimento do sujeito, dado que esse se encontra identificado nas malhas da rede classificatória.

Perguntaríamos: seria o caso de pensarmos em retornar à tradição? Não nos parece que essa seja a proposta de Lacan. Ao contrário, ele nos indica que a psicanálise, em sua apreensão dos mais diversos crimes, tem por efeito irrealizá-los. Ao irrealizar o crime, ela toma o criminoso como sujeito e não o desumaniza. E, ao tomá-lo como sujeito, a dimensão da responsabilidade estará necessariamente colocada. Pois (como precisaremos melhor mais adiante), "por nossa posição de sujeito somos sempre responsáveis"[142]. Portanto, apesar das dificuldades experimentadas pelo sujeito da atualidade - por estar aprisionado à normatização da linguagem ao invés de ter relações explicitadas entre uma lei que determina o ideal de conduta e o castigo –, isso não o impede de aparecer e ser responsável. Para não se cometer o equívoco de defender um retorno à tradição, se faz preciso verificar as formas como o sujeito aparece, isto é, como ele responde e constitui, pela singularidade, uma classe paradoxal.

Lacan, em 1950, propôs articular a infração com a sentença jurídica a ser aplicada. A partir dessa articulação, foi possível introduzir, em seus escritos, o conceito de assentimento subjetivo. O assentimento do qual se trata aparece pela vertente da identificação simbólica. Ou

[141] LACAN. "Introdução teórica às funções da psicanálise em criminologia". In: *Escritos*, p. 139.

[142] LACAN. "A ciência e a verdade". In: *Escritos*, p. 873.

seja, seria possibilitado e, sobretudo, indicaria uma certa garantia da eficácia dos dispositivos simbólicos da cultura. Entretanto, Lacan retomará esse termo em "A ciência e a verdade", de 1966, agora privilegiando algo que escapa à instância do simbólico, como veremos adiante. Essas duas concepções, longe de se anularem, poderão, segundo nos parece, ser articuladas a fim de criar novas ficções sobre a responsabilidade na psicose.

Em "A ciência e a verdade", Lacan informa o autor que lhe serviu de referência para elaborar o conceito de assentimento. Trata-se do trabalho do cardeal Jonh Henry Newman, intitulado *Gramática do assentimento*[143]. A ele, Lacan tece explícito elogio, apesar de dizer que sua gramática foi forjada para fins execráveis. Propomos, então, definir um pouco melhor os desígnios abarcados por esse termo, antes de retomá-lo no texto lacaniano.

O assentimento na filosofia

Em seu *Vocabulário técnico e crítico da filosofia*, Lalande define o assentimento como um "ato do espírito que adere a uma proposição ou estado que resulta deste ato"[144]. Partindo dessa definição, pode-se observar que o assentimento é uma maneira de pôr em relação três termos: sujeito, verdade e proposição. Destaca-se do conteúdo da proposição, isto é, de seu conteúdo objetivo, um conteúdo subjetivado, sinalizando, com isso, que o sujeito aderiu à verdade da proposição. Então, podemos dizer que a verdade está aqui na dependência do assentimento.

Embora esse termo tenha percorrido a filosofia desde os estoicos, foi Newman quem se empenhou em desenvolver o projeto de uma gramática do assentimento. Essa gramática é estabelecida a partir de uma teoria dos graus, isto é, a partir de uma diferenciação e de uma gradação em nossa adesão a um determinado conteúdo proposicional.

Em sua gramática, Newman, primeiramente, discute os modos de se fazer proposições. As formas proposicionais podem ser feitas em três

143 Cf. NEWMAN. *A Grammar of Assent.* (1870). Edição francesa: NEWMAN. "Grammaire de l'assentiment". In: *Oeuvres Philosophiques de Newman.*

144 ASSENTIMENTO. In: LALANDE. *Vocábulário técnico e crítico da filosofia*, p. 92.

modalidades: condicional, interrogativa ou categórica. Estamos diante da forma condicional quando se expressa uma conclusão; na forma interrogativa, quando se formula uma questão; e na forma categórica, quando se tem uma asserção. Assim, uma asserção se faz distinta de uma conclusão, pois o assentimento é incondicional. Ou seja, ele não é da ordem do conhecimento nem adota premissas para se estabelecer. A asserção – expressão de um ato de assentimento – se faz de forma categórica.

Newman estabelece uma separação fundamental entre "assentimento real" e "assentimento nocional" (conceitual). O "assentimento real" remete a uma experiência individual de um estado de alma único. Ele depende do caráter particular e especial dessa experiência, razão pela qual não pode ser transmitido, fazendo obstáculo à relação intersubjetiva[145]. O "assentimento real" é mais convincente que uma "apreensão nocional" e vai além dela, pois encontra o próprio real de seu objeto. O "assentimento nocional" é comparativamente menos vigoroso, na medida em que se refere a uma ideia abstrata, faltando-lhe a concretude da presença do objeto. É o caso tanto da crendice, da opinião, da conjectura e da especulação quanto das noções verossímeis, passíveis de apreensão pela inferência[146].

Tratando-se de "assentimento real", há um suporte na realidade a partir das imagens que ela imprime em nós. O "assentimento real" é ao mesmo tempo raro e potente, ao contrário do "assentimento nocional". Podemos dizer que se trata de uma dimensão em que o sujeito é tomado pelo objeto, que é irredutível à ordem da razão e do sentido. É claro que Newman tem em vista uma finalidade religiosa, algo da ordem de uma revelação que viria preservar um espaço próprio e inviolável para a fé.

145 NEWMAN. "Grammaire de l'assentiment". In: *Oeuvres Philosophiques de Newman*, p. 542.

146 Desse ponto de vista, se esclarece o comentário que faz Lacan sobre os "fins execráveis" da *Gramática do Assentimento* do Cardeal Newman, pois o que importa no assentimento é o modo de implicação do sujeito e não o atributo da proposição em si. Os piores fins de tal gramática se encontram no fato de Newman ter colocado, no mesmo plano, "tanto a verdade da religião quanto aquela das matemáticas." Cf. MILLER. *Cause et consentement.* Aula do dia 06 de Janeiro de 1988 ; RATIER. "Le Cardinal Newman et la carte de l'assentiment: une référence de Jacques Lacan". In: *Quarto*, p. 46-49.

Mas essa finalidade não obscurece seu mérito, que é o de emancipar o *assensus* de toda forma de *consensus*.

O assentimento se distingue do consentimento; o consentimento não implica o assentimento. Pode-se consentir sem assentir. Ambos, eventualmente, até mesmo entram em contradição. O que é próprio do assentimento é a precipitação do sujeito em relação a um conteúdo proposicional, em um movimento que não se reduz aos efeitos de consenso ou que seria exigível para além desses efeitos.

Importa-nos aqui destacar e sublinhar que, na problemática do assentimento, o visado não é tanto a verdade como atributo da proposição, mas o modo por meio do qual o sujeito se relaciona com algo que se apresenta como real. O assentimento é incondicional e assertivo. Ou, mais propriamente, o assentimento é uma "afirmação" que se mantém graças a um ato do sujeito.

Podemos depreender da leitura da dissertação de mestrado de Frederico Feu de Carvalho[147] que, para Freud, existe uma lógica do assentimento, isto é, uma temporalidade que se segue à operação da interpretação e que se destina a conduzir o analisante da negação que revela o recalcado à confirmação da correção da interpretação analítica. Dessa forma, a questão do assentimento sofrerá um deslocamento que conduz do conflito entre os dois parceiros da situação analítica a um objeto que interrompe a conversação e cuja presença suscita a possibilidade de um assentimento real. Essa lógica pode ser verificada no texto de Freud, "Construções em análise", em que ele mostra que o debate não se dá no campo da argumentação racional. Uma construção analítica exige o assentimento do paciente, porém esse assentimento só poderá advir do material recoberto pelo recalque, ou seja, do inconsciente (lembremos que a verdade só se mede por seus efeitos). Assim, concluímos, com F. F. Carvalho, que, em psicanálise, o assentimento não se afirma por um signo de aceitação do eu, mas, sim, por uma forma indireta e inconsciente.

Após essa digressão na gramática do assentimento e após indicar, sumariamente, como Freud se serviu dessa noção, estamos aptos a afirmar que, realmente, no artigo sobre a criminologia, Lacan opera o assentimento na vertente do *consensus*, já que não privilegia, nesse

147 Cf. CARVALHO. *O fim da cadeia de razões*. Sobretudo, o capítulo 3.

texto, a instância do real. Retomaremos, mais adiante, esse momento da elaboração lacaniana. Mas, antes, buscaremos algumas pistas sobre a questão do assentimento, em um momento que Lacan torna a se servir do termo. Ou seja, no texto "A ciência e a verdade".

O assentimento e a problemática do sujeito em "A ciência e a verdade"

A questão que permeia todo o texto "A ciência e a verdade" é o estatuto do sujeito em psicanálise. Depois de falar que o sujeito sobre o qual a psicanálise opera é o sujeito da ciência e após anunciar um paradoxo decorrente dessa afirmativa, Lacan afirmará: "por nossa posição de sujeito, sempre somos responsáveis"[148]. Temos aí uma antinomia, uma vez que a intenção do sujeito deve ser excluída pela consideração científica. Lembremos que o sujeito da ciência é desprovido de qualquer intencionalidade ou atributo moral. Ele é, portanto, irresponsável. Dessa perspectiva, perspectiva da ciência, apresenta-se a sequência estruturalista: a noção de uma lei simbólica, cujo sujeito seria determinado por uma combinatória significante, ou seja, seria apenas um efeito calculável, independente de seu assentimento.

Vemos aí que a problemática do sujeito, para Lacan, diverge da concepção dos estruturalistas, principalmente da posição de Claude Lévi-Strauss, com quem o psicanalista trava discussão nesse texto. Segundo Lacan, os estruturalistas excluem o sujeito quando não diferenciam o mito do rito. Para Levi-Strauss, o mito, por si só, garantiria o jogo posto nas combinatórias simbólicas e, nessa lógica, o sujeito seria apenas efeito. Já, para Lacan, não havendo os rituais que consagrem a natureza do sujeito como mitante, ficaria esse sujeito rejeitado, para fora do campo da estrutura[149]. Ou seja, o sujeito considerado pela psicanálise é aquele que, para fazer o mito funcionar, precisa ritualizá-lo, e essa operação exige um assentimento. Portanto, justamente o assentimento fica rejeitado do campo da estrutura.

148 LACAN. "A ciência e a verdade". In: *Escritos*, p. 873.

149 Cf. LACAN. "A ciência e a verdade". In: *Escritos,* p. 873; SALUM. *A psicanálise e a lei*, cap. 3.

Então, podemos dizer que, embora a psicanálise opere sobre o sujeito da ciência, ela convoca o sujeito responsável. Vejamos como esse paradoxo se dá na prática analítica. Por um lado, de início, operamos sobre o sujeito irresponsável que, segundo J.-A. Miller, é o próprio sujeito da associação livre: aquele que, durante a sessão, é convidado apenas a falar o que lhe vier ao pensamento, mesmo o que considere irrelevante ou absurdo. Esse sujeito é convidado também a se manter desprovido de concepções morais e a não tomar posição frente a sua palavra. Por outro lado, apelamos para o sujeito responsável, para que tome uma posição frente ao que disse, na medida em que visamos à posição subjetiva, ou melhor, à responsabilidade pela escolha que essa posição comporta. J.-A. Miller esclarece que fazemos a passagem de um lado a outro – da irresponsabilidade que a associação livre comporta para a responsabilidade – tão rapidamente que não nos apercebemos disso[150]. E afirma ser essa a questão central em "A ciência e a verdade."

O assentimento e o *tópos* da "causa", em "A ciência e a verdade"

Com o termo "terrorismo" da responsabilidade, Lacan vai introduzir a concepção de sujeito do ponto de vista ético, como instância de resposta à determinação que ele recebe, e colocar em questão, por meio de seu assentimento (sim) ou de sua recusa (não), a relação à causa significante que funda sua existência como ser falante[151]. Nota-se que aí é introduzido o termo "causa": causa significante. E é sob a mediação de tal termo que Lacan fará a distinção entre, por um lado, o sujeito responsável, aquele que se apresenta como instância de resposta, e, por outro, o sujeito da ciência, aquele que se encontra determinado pela articulação significante, mas sem implicar-se em tal estrutura.

Cabe aqui uma consideração sobre a noção de "causa", da qual se serve Lacan. Ora, não é o postulado kantiano de uma "causalidade pela liberdade" que apoia Lacan, pois o substrato ético da relação do sujeito à causa significante, do qual aqui se trata, deve-se ao fato não de uma

[150] Cf. MILLER. *Cause et consentement*. Aula do dia 25 de novembro de 1987.

[151] Cf. MILLER. *Cause et consentement*. Aulas dos dias 04 e 18 de novembro de 1987.

liberdade incondicionada, tomada como causalidade espontânea, mas de uma hiância, própria à noção de causalidade. Essa hiância instaura uma descontinuidade entre o sujeito e a lei que o determina[152].

Assim, a causalidade, em Lacan, vem implicar algo irredutível às leis que o discurso da ciência, segundo as relações de regularidade, estabelece: a hiância que comporta uma ética condicionada a um fator que se subtrai à dedução da estrutura. Trata-se da responsabilidade do sujeito[153], qual seja, seu assentimento àquilo que lhe causa.

Os três tempos da elaboração da noção de "causa" na obra de Lacan

Podemos distinguir, segundo a leitura de J.-A. Miller, três tempos da elaboração da noção de "causa" ao longo do ensinamento de Lacan. Passaremos, então, resumidamente por eles, pois acreditamos que as elaborações sucessivas não se anulam, mas, pelo contrário, se complementam de forma complexa, de maneira que somente a articulação do conjunto nos permitirá elaborar uma ficção da responsabilidade na psicose. Aliás, parece-nos que foi por meio da crença de que o fenômeno ou a estrutura psicótica não ocorrem de forma incondicionada à determinação que

[152] Ao evitar remeter a causa a Deus, Kant aceita, sem reserva, pensar a consistência da causalidade física. Mas, por meio de antinomia, ele reserva também a existência de uma causa livre, possibilitando, dessa maneira, pensar uma causalidade psíquica, essa que, não se inscrevendo na ordem física, impõe-se ao nível da razão prática, a partir da lei moral. Resumidamente, daí decorre a possibilidade de pensar o sujeito de um dever incondicionado, submetido à necessidade categórica de agir conforme as exigências do universal. Então, tendo esse sujeito a consciência de um dever incondicionado (necessidade moral, à qual ele está submetido), isso lhe permite ou obriga concluir que é livre, pois apenas por ser livre é que se pode ter um dever. Portanto, há aí uma relação de causa e efeito, mas que não se presta à mediação da qual Lacan se serve, já que, justamente, trata-se de evitar essa dupla relação de causalidade. Cf. MILLER. *Cause et consentement.* Aula do dia 09 de dezembro de 1987.

[153] Cf. TEIXEIRA. *O tópos ético da psicanálise*, p. 28. O autor aponta a dimensão da responsabilidade do sujeito subtraída à determinação como algo necessário para que a experiência da estrutura possa acontecer. Daí, pode-se concluir que "a vertente estruturalista da psicanálise orienta-se por uma ética na medida em que, nesse caso, a estrutura, em vez de ser integralmente determinada por suas regras, organiza-se essencialmente em torno de uma *falha*".

Lacan pôde desenvolver tais teorias sobre a "causa". Assim temos os três tempos passíveis de articulação teórica da "causa" com os três termos: sentido, significante e objeto (a).

A "causa" e o sentido

Em um momento anterior à conexão das teorias da linguagem como instrumento a serviço da etiologia, Lacan se serviu da questão do sentido para introduzir uma descontinuidade na relação regular que se estabelece cientificamente entre efeito e "causa". Para indicar o hiato em que se reconhece a indeterminação do sentido – o valor expressivo da vulgata: "tudo depende do sentido que você dá a isso" –, torna-se oportuno efetivar a substituição do termo "você" por "sujeito". Temos, nesse momento, a hipótese de que a questão do sentido conduz ao sujeito, na medida em que a relação do significante ao significado não é uma relação de causa e efeito. É nesse período que se desenvolve um debate com Henry Ey, em que o personagem do louco assume posição central[154].

Nesse debate, Lacan vai opor a realidade psíquica à causalidade física, servindo-se do registro do sentido por uma via fenomenológica *sui generis*. Enquanto a psiquiatria se limita à descrição dos fenômenos como erros perceptivos, relacionando-os à ordem orgânica deficitária, Lacan enfatizará o sentido particular que o sujeito dá a esses fenômenos, dizendo que "toda a loucura é vivida no registro do sentido"[155]. Esvazia-se, assim, todo determinismo orgânico contido no lugar da "causa", cujo preenchimento se fará com a liberdade do sujeito. Vemos brotar, na pena de Lacan, a responsabilidade do sujeito, no coração da loucura e para além do engano perceptivo. O que importa aí é um certo modo de crença, ou seja, aquilo a que o sujeito adere, a que ele dá seu consentimento, a partir do que lhe faz sentido. O louco é responsável pelo sentido que ele dá a alguma coisa. Assim, a causa da loucura se explica como "uma insondável decisão do ser", "um incompreensível

[154] Cf. LACAN. "Formulações sobre a causalidade psíquica". In: *Escritos*, p. 152-194.

[155] LACAN. "Formulações sobre a causalidade psíquica". In: *Escritos*, p. 166.

consentimento de liberdade"[156]. Portanto, no lugar da causa, Lacan coloca o sujeito e sua liberdade.

Essa tese, segundo J.-A. Miller, conduzirá Lacan a fazer emergir, em primeiro plano, o desconhecimento do sujeito e, como consequência clínica, a não diferenciação da loucura, que, em seu bojo, comportará tanto a psicose quanto a histeria.

Então, o que determinará as decisões insondáveis da loucura? Lacan indicará: "as primeiras escolhas identificatórias da criança, escolhas 'inocentes', não determinam outra coisa com efeito – à parte as patéticas 'fixações' da neurose – senão essa loucura pela qual o homem se crê homem"[157]. Temos aí uma causalidade determinada pela identificação e, como efeito, a fixação. Mas, antes de se guiarem pela lei do significante, essas identificações serão guiadas pela imago, no complexo espaço-tempo imaginário. Nesse complexo, encontra-se a loucura como a virtualidade permanente de uma falha na essência do homem. Falha essa que evoca a cena o estádio do espelho, quer dizer, uma discordância entre a realidade e o ideal. Desse ponto de vista, a alienação primordial do eu (só poder reconhecer-se na imagem do outro) é o princípio mesmo da loucura que, em outros termos, podemos designar como: narcisismo[158].

A tese de doutorado em medicina de Lacan encaminha-se nesse mesmo sentido[159]. Por meio de um estudo clínico de caso, "caso Aimée", ele descreveu o efeito de um fenômeno que chamou de "psicose de autopunição". Nota-se um sujeito que, para atacar a desordem do mundo, ataca a si mesmo. Ou seja, o desconhecimento daquilo que ele censura na desordem do mundo é apenas a manifestação inversa

[156] LACAN. "Formulações sobre a causalidade psíquica". In: *Escritos*, p. 177.

[157] LACAN. "Formulações sobre a causalidade psíquica". In: *Escritos*, p. 189.

[158] Esse narcisismo – sinônimo de loucura – não é o mesmo narcisismo que se encontra em Freud. Trata-se aqui do narcisismo alienado à imagem do outro, tal qual Lacan o concebe. Cf. LACAN. "O estádio do espelho como formador da função do eu". In: *Escritos*.

[159] Aliás, é oportuno lembrar que a preocupação de Lacan em discriminar o sentido do fenômeno psicótico para cada sujeito já se encontra colocada desde sua tese de doutorado em medicina, na qual ele propõe estender a noção de compreensão e responsabilidade ao campo da psicose. Cf. LACAN. *Da psicose paranóica em suas relações com a personalidade*.

de seu próprio ser. Dessa forma, assistimos ao sentido do ato criminal de Aimée: ter desejado, por meio dele, uma punição.

É pertinente marcar que tanto no autocastigo de Aimée quanto no caso de suicídio, tomado como ilustração no texto sobre a criminologia, Lacan analisa a dimensão do crime pelo viés do castigo. Sendo que, com o segundo caso, a partir do suicídio, ele pôde elaborar algo sobre o assentimento. Contudo, nesse momento de sua elaboração, o assentimento está na dependência da identificação imaginária com os símbolos da cultura, sobretudo relacionado com a questão do sentido. Assim, a insondável decisão do ser aproxima, em última instância, o que vem do Outro (outro social) e o sujeito no campo da morte, qual seja, o assentimento ao sacrifício primordial: o suicídio.

Como vimos, nesse momento, Lacan lança mão de uma dialética social para conceber a estruturação do eu, que será, de início, sempre paranoica. Não é de se espantar que os temas "morte" e "castigo" façam parte diretamente desse contexto. Pois esse modelo nos reenvia à "Discórdia primordial" refletida no estádio do espelho, modelo em que a compreensão mira-se na versão hegeliana do desacordo e da guerra. Assim, temos uma alienação narcísica, em que a instância do eu recebe sua identidade primária pela imagem do Outro, numa versão em que o sentido não é determinado pelo significante e sim pela imago. Isso difere totalmente da segunda forma de abordar o problema da causalidade: a causa significante como uma relação de função e variável, sobre a qual dissertaremos a seguir.[160]

A "causa" e o significante

A causalidade significante foi priorizada por Lacan nos anos cinquenta, mas atinge sua maturação instrumental em meados dos anos sessenta, quando foi concebido o objeto (a) para abarcar a parte relativa ao real não passível de determinação significante, ou seja, o excedente pulsional.

Falaremos um pouco sobre a peculiaridade das leis da linguagem, mas trataremos em conjunto desses dois tempos da causalidade, pois,

[160] Esse percurso de Lacan é conhecido como caminho que vai de Hegel a Jakobson.

longe de se constituírem teorias distintas, como dissemos, formam níveis diferentes de um mesmo arcabouço teórico.

Lembremos que as noções de causalidade e sujeito são antinômicas e que, mesmo investido do projeto estruturalista, Lacan forja o termo "causa" para instaurar uma descontinuidade entre o que determina – a estrutura significante – e o efeito – o sujeito como resposta. Somente resguardando a "causa", Lacan instituirá o lugar do assentimento subjetivo em seu projeto estruturalista, distinguindo-se, assim, do próprio estruturalismo e da ciência, que o recusam. Fugiria de nosso programa dissertar sobre as abordagens linguísticas e, até mesmo, a maneira como Lacan as utiliza. Assim, mesmo correndo o risco de planar numa superficialidade um tanto quanto grotesca, faremos um resumo excessivo e, por vezes, até desrespeitoso com o desenvolvimento do pensamento de Lacan. Como aqui não cabem desculpas, arcaremos com as consequências das palavras mal colocadas. Objetivamos apenas precisar o ponto em que emerge a resposta do sujeito e a correlação dessa resposta com o estatuto da "causa".

Por meio do recurso à linguística, foi permitido a Lacan substituir o lugar outrora ocupado pela liberdade, na relação dessa com o sentido, colocando, então, o sentido como passível de inscrição numa relação de função e variável. Na abordagem da causa pelo sentido, o eu se encontrava alienado de forma primordial à imagem do Outro e a apenas um significante que selava essa alienação, não havendo, pois, uma relação semântica que a sustentasse. Por estar alienado apenas a um significante, o sentido dele era dado por uma decisão pura e simples do sujeito, então tido como "livre". Já na abordagem pelo significante, diversamente, se introduz um outro significante capaz de dar sentido a um primeiro. Com isso, o sujeito passa a dispor de uma referência, pois será esse segundo significante que determinará, precisamente, o sentido.

Quando Lacan aborda a questão do sentido numa relação de função e variável, ele a emprega de uma tal forma que a torna apta a traduzir a incidência do significante sobre o significado (o significante causa do significado). Assim, abrirá duas possibilidades de significação: a possibilidade metonímica da conexão e a possibilidade metafórica da substituição. Longe de ser uma descrição retórica estática, a distinção da metáfora e da metonímia são usadas para qualificar dois tipos de relação do significante ao significado, que são causas de dois efeitos distintos de significação. A transposição para a emergência da significação dependerá de um desses dois estados em que se encontra o significante. Lacan colocará o lugar do sujeito confundindo-o propositalmente na transposição do significante para o significado[161].

Assim, Lacan trata a causa do sintoma a partir da metáfora, ao passo que Freud concebe-a a partir da noção de traumatismo. O traumatismo deixa de ter uma conotação de acontecimento patogênico relacionado à causa do mal por meio da temporalidade de fatos sucessivos, e passa a ser abordado como significante recalcado, como significante substituível. Daí decorre a possibilidade de pensar o sintoma como fixado à significação dada pela metáfora[162].

Se, por um lado, podemos pensar o sintoma como ponto de fixação da metáfora; por outro, temos a metonímia como , essencialmente, não fixada a esse sintoma. De uma maneira inversa à fórmula do sintoma, a metonímia sela a impossibilidade de significação. No fundo, essa conexão metonímica é que define o desejo: o desejo como não passível de fixação. Nos termos de Lacan: "eternamente estendido para *o desejo de outra coisa*"[163]. Pode-se localizá-lo, precisamente, no ponto de suspensão da cadeia significante. Nesse ponto, em que há a suspensão da palavra, Lacan indica duas maneiras possíveis de fixar o desejo: a lembrança encobridora e o fetiche. Assim, correlativos à resistência de significação, a lembrança encobridora e o fetiche vêm instaurar a descontinuidade na cadeia significante. Lacan chamará essa descontinuidade de sujeito – $\not{S}$ –, ou seja, a marca da falta de um significante, ou de um significante a menos. A escrita do sujeito em psicanálise quer dizer precisamente que há um significante que falta na estrutura da lei da linguagem, portanto, há algo que é informulável no campo da legalidade. Esse princípio, princípio de legalidade, é substituído em Lacan pelo princípio da causalidade.

161 LACAN. "A instância da letra no inconsciente". In: *Escritos*. p. 519.

162 LACAN. "A instância da letra no inconsciente". In: *Escritos*. p. 522.

163 LACAN. "A instância da letra no inconsciente". In: *Escritos*. p. 522.

A "causa" e o objeto (a)

Posteriormente, Lacan vai compor esse espaço, que se instaura a partir da descontinuidade da cadeia significante, com um elemento que, eventualmente, será denominado de objeto (a). Esse elemento virá interpor a descontinuidade subjetiva de uma maneira intimamente correlacionada à metonímia (lembremos que essa última pode ser definida como desejo impossível de significação). Então, esse elemento fundamentalmente heterogêneo, concebido como resto da operação de significação, virá somar-se e articular-se à causalidade determinada pelo significante, para compor as duas operações que se localizam do lado da causa. Lacan concebe, de início, esse objeto (a) como elemento imaginário e, posteriormente, confere-lhe o estatuto de real.

É importante marcar que o objeto (a) é um semblante e, como tal, não se deve confundi-lo com matéria ou substância. Seu estatuto, esclarece J.-A. Miller, é de consistência lógica. E, como consistência lógica, faz semblante de ser. Portanto não é nem o gozo, nem o real em si. Mas tem seu lugar, como semblante, entre o simbólico e o real. Sua função específica é complementar, no hiato forjado pela causalidade, a referência negativa do sujeito[164].

Dessa forma, o conceito de estrutura em Lacan, conforme afirma Miller[165], comporta dois níveis. O próprio sujeito como efeito do significante inscreve uma ruptura na causalidade. Pois, em todo determinismo significante, há a emergência do indeterminado, daquilo que escapa à determinação. Há, ainda, que distinguir o real da pulsão, essa sim considerada a própria causalidade em psicanálise. O estatuto da "causa", em psicanálise, é suplementar, por isso não permite reconstituir uma continuidade. É essencial que essa duplicidade dos níveis se mantenha, sobretudo para não haver o equívoco de uma clínica que considere ser o sujeito a causa.

164 MILLER. *Cause et consentement.* Aula do dia 09 de março de 1988.

165 MILLER. *Cause et consentement.* Aula do dia 18 de novembro de 1987.

O assentimento é a *Bejahung* primordial

Parece que, pela vertente do assentimento, Lacan nos dá a direção para solucionar este paradoxo: se um sujeito é efeito de significante, como pode, do ponto de vista da sua posição subjetiva, ser sempre responsável?

J.-A. Miller, em seu curso *Cause et Consentement*, pode ajudar-nos a esclarecer esse aparente paradoxo. Retomando o termo freudiano *Bejahung* e correlacionando-o ao assentimento, na aula de 18 de novembro de 1987, ele nos diz: o que está presente na *Bejahung* é este "sim" fundamental, ao qual se opõe a recusa, que, por sua vez, é o ponto central da forclusão. Um "sim", um acolhimento, um assentimento do sujeito, um consentimento. Notemos que, ao situar o assentimento no nível primordial da *Bejahung*, Miller o faz empregando esse termo sem distingui-lo de consentimento. Voltaremos a essa equivalência mais adiante.

Bejahung é traduzido normalmente por "afirmação". Lacan, a partir do texto freudiano "A negativa" ("*Die Verneinung*"), o traduz como "afirmação primordial". Revisemos, então, esse termo em Freud e suas relações em Lacan. Por meio dele, Lacan associou a questão da afirmação primordial da cadeia de significante com a origem do sujeito[166].

Freud considera a *Bejahung* como a primeira afirmação, no seio da qual ocorre a *Ausstossung*, a expulsão de algo (mau ou estranho ao eu) para fora do eu (*Ich*). Ora, Freud pensa a constituição da origem com o juízo (*Urteil*). Seu mérito não consiste apenas em separar dois juízos: o juízo de atribuição, que diz se uma propriedade pertence ou não a alguma coisa, e o juízo de existência, que concede ou contesta uma representação no que diz respeito a sua existência na realidade. O essencial na construção freudiana consiste em pensar o juízo de

166 Existe uma dificuldade nesse debate entre Freud e Lacan, e até mesmo de Lacan contra Lacan, na medida em que se remete ao "mito de origem", que supõe preexistir àquilo que ele supostamente constitui. Assim, a questão da anterioridade do simbólico faz ressurgir a constituição do real. Estaria o real já ali, tal como um lugar preexistente, onde o que é lançado fora do simbólico encontra guarida? Ou então, ele seria feito a partir daquilo que é cortado do simbólico, sendo produzido, de certa forma, pelo simbólico? Dissertar sobre os meandros da questão da primazia de uma instância sobre outra foge de nossos objetivos. Tentaremos apenas situar essa questão, quando necessário, na medida em que nos serviremos de textos de diferentes épocas do ensino de Lacan. Ao leitor interessado nessa questão, sugerimos o livro: RABINOVITCH. *A foraclusão*: presos do lado de fora.

atribuição como anterior ao juízo de existência: Freud distingue a *Bejanhung* como sendo o ancestral do juízo de atribuição, que é, de certa forma, sua origem pulsional, ou seja, comer o que é bom, cuspir o que é mau. Daí deriva o juízo de existência, ao qual caberia a função de conferir realidade àquilo a que foi atribuída a propriedade de "bom" ou "mau" (o seio é bom, logo existe). Todavia, é nesse tempo primário (no sentido originário), e não forçosamente primeiro (no sentido cronológico) da afirmação, que se encontra a condição para que uma representação exista para o sujeito. Em um segundo tempo, o que é representado dentro, ou seja, simbolizado, será ou não encontrado fora. Assim, o juízo de existência constitui a realidade que se situa fora – só será realidade para o sujeito aquilo que ali será encontrado –, mas na medida em que ela já esteja representada dentro (simbolizada), em virtude do primeiro juízo, o de atribuição.

Enquanto para Freud a *Bejahung* seria a operação necessária ao julgamento atributivo e, consequentemente, a condição da existência de um objeto na realidade; para Lacan, ela encerraria a condição de possibilidade de simbolização, possibilidade essa de dar um sentido às coisas. A *Bejahung* é o "sim", primeira admissão da ordem do assentimento – intimamente ligada aos dois níveis da "causa", cujo efeito é o sujeito –, pois é uma afirmação primordial que possibilita o funcionamento da combinatória da estrutura significante, deixando de condicioná-la apenas ao mecanismo da lei de determinação. Pois há uma estrutura, uma combinatória significante, que preexiste e na qual se crê ou não. J.-A. Miller afirma que a *Bejahung* é um dos nomes dessa crença. É o reconhecimento de que algo foi inscrito e que poderá ser reconhecido como próprio.

Enquanto Freud concebe o sujeito como prévio às negações decorrentes da *Bejahung* – "o Ich toma o que é bom e rejeita o que é mau" –, Lacan opera uma inversão e elabora a noção de um sujeito constituído pelas próprias negações. Assim, a *Verwerfung* (forclusão), a *Verneinung* (denegação), a *Verdrängung* (recalque) e até mesmo a *Verleugnung* são tomadas por Freud como mecanismos de defesa do eu[167]

[167] Ora, o aparecimento da noção de defesa data do próprio nascimento da psicanálise, desde que Freud abandona as técnicas de sugestão e hipnose e se dedica à clínica sob transferência. Podemos dizer que Freud, por meio dessa noção, possibilitou

para lidar com as representações e afetos inconscientes inconciliáveis. Já Lacan toma-as como modos ou estratégias do sujeito, situadas no ponto de sua emergência.

Responsabilidade: emergência do sujeito como resposta

Isso remete à problemática primeira do sujeito diante da coisa (*das Ding*), em relação à qual o sujeito toma, de início, um distanciamento. Freud chama esse distanciamento de defesa e situa, então, o recalcamento como um dos modos de defesa. É justamente essa inversão operada por Lacan que lhe permitiu falar, paradoxalmente, em responsabilidade, na medida em que o sujeito emerge como resposta – a estrutura já está lá e, como efeito, o sujeito advém –, constituindo, assim, um imperativo que obriga a assumir a sua própria causalidade.

Lacan[168] faz um giro em torno da coisa (*das Ding*) para dizer da orientação subjetiva, qual seja: a problemática da posição primeira do sujeito em relação à causa. J.-A. Miller nos lembra de que tal problemática se coloca em termos de "afeto primário anterior a todo recalcamento"[169]. Ora, esse afeto primário mostra-se bem no nível da *Bejahung*, sendo que por meio dela se toca a orientação do sujeito e se encontram inter-relacionados, de forma primordial, afeto e assentimento.

Podemos daí concluir que, por meio do termo "causa", tal como o forjou Lacan, foi possível estabelecer uma conexão entre afeto primário e modos de "sim", delimitando-se, com isso, a "causa" do lado da pulsão e o assentimento do lado do sujeito. Fica esclarecido, então, que o sujeito não é causa da estrutura, já que essa não é eleita por ele, mas, ao contrário, é o excedente pulsional (gozo) que a elege. Isso nos autoriza a dizer, por fim, que o sujeito é efeito e não causa de significação.

No nível da *Bejahung* primordial, encontram-se articulados não só o gozo, mas também o assentimento. No *tópos* da causa, trata-se da

não apenas a construção da teoria do real sexual do inconsciente, como, ainda, edificou a nosografia psicanalítica das neuroses. Pois, esta ou aquela maneira de dizer produzirá este ou aquele sintoma.

168 Cf. LACAN. *O seminário. Livro 7*: a ética da psicanálise, p. 71 et seq.

169 MILLER. *Cause et consentement.* Aula do dia 18 de novembro de 1987.

conexão do gozo com os modos de "sim". A responsabilidade subjetiva comporta tanto o dizer "sim" quanto o dizer "não" – assentimento ou recusa. Pois a medida da eficácia da causa significante não depende nunca do assentimento do sujeito. A existência do sujeito se determina apenas pelo dizer "sim" ou "não". A causa significante em Lacan, conforme nos lembra J.-A. Miller[170], não depende nunca da posição subjetiva. Essa posição somente nos autoriza a generalizar os sujeitos nas estruturas clínicas. Dessa maneira, deve-se descartar toda inclinação que considere a não existência do sujeito, aqui onde houve recusa no lugar do assentimento. Ou seja, fica descartada a ideia de inexistência do sujeito na psicose, ou no autismo. Assim, a posição subjetiva se articula somente ao sentido que o sujeito dá a um determinado fato, não importando sua objetividade. As coordenadas de resposta são dadas pelo Outro, e, em relação a ele, o sujeito se posiciona em termos de fé, de crença, de aversão, de atrativo, de compulsão, de negação. Ao dizer "sim", há o assentimento; ao dizer "não", há uma rejeição à função do pai, conforme veremos mais adiante.

Em *Cause et consentement*, J.-A. Miller[171] contrapõe o assentimento à psicose. Ele afirma que a alucinação ocorre porque, se não há crença no termo que ordena a cadeia significante, significante Nome-do-Pai, se a causa não adquire valor de existência para o sujeito, ela se faz "ex-sistir" de fora, podendo aparecer no real. Contudo, segundo Miller, por meio do delírio, pode-se obter um "sim" na psicose. Esse "sim", consentido mais tarde, selaria um acordo, um reconhecimento do Outro daquilo que, pelo estatuto da "ex-sistência", não pára de insistir em existir. Nos termos de Lacan: o reconhecimento da verdade[172]. Esse "sim" dito mais tarde é a própria operação de transformação, via operação significante, do real do gozo como verdadeiro.

170 MILLER. *Cause et consentement.* Aula do dia 03 de fevereiro de 1988.

171 MILLER. *Cause et consentement.* Aula do dia 25 de novembro de 1987.

172 Cf. LACAN. *O seminário. Livro 20*: mais, ainda, p. 124. Aliás, nessa edição brasileira não se encontra o termo "reconhecimento" do gozo; e, sim, o termo "confissão", para a tradução do termo francês *Aveu*. Trabalharemos com o termo "reconhecimento", conforme proposto por Eric Laurent, em suas conferências em Belo Horizonte, publicadas em: *Curinga*, Escola Brasileira de psicanálise – MG, n. 14, abr. 2000.

Veremos, no próximo capítulo, a possibilidade de um sujeito psicótico se responsabilizar por seu gozo, ou seja, a possibilidade de reconhecê-lo por meio de uma ficção de responsabilidade.

Consentimento: um "sim" acordado mais tarde

Antes de tomarmos as veredas específicas da psicose, gostaríamos de demarcar o alcance preciso do uso que faremos dos termos: "assentimento" e "consentimento". Conforme mostramos anteriormente, J.-A. Miller, ao situar o assentimento no nível da *Bejahung*, emprega o termo "assentimento" sem distingui-lo de "consentimento". E assim continuará, indistintamente, a empregá-los.

Propomos uma distinção na utilização de tais termos, pois a operação que encerra a constituição do sujeito parece-nos bastante distinta dos modos de resposta do sujeito, ou do reconhecimento do Outro diante daquilo que no real assume o estatuto de ex-sistência. Assim, designemos por "assentimento" a operação estabelecida pela *Bejahung* primordial, que se situa em contraposição à psicose, de acordo com J. A. Miller. E por "consentimento" designemos os modos de "sim" acordados mais tarde, ou seja, o reconhecimento da verdade, via operação significante, do real do gozo.

4. Responsabilidade na psicose: um consentimento possível

No capítulo anterior, concluímos que Lacan, ao forjar o *tópos* da causa, permitiu instaurar uma descontinuidade na lei de determinação do significante e, com isso, possibilitou a articulação, no nível da *Bejahung*, do excedente pulsional (gozo) com os modos de resposta do sujeito. Dessa forma, abriu-se espaço para uma dupla causalidade - a causalidade significante e a causalidade do objeto (a) - que traz como efeito, como resposta, a emergência do sujeito. Concluímos, também, que a responsabilidade subjetiva comporta tanto o dizer "sim" quanto o dizer "não" - assentimento ou recusa. E ambas as respostas se relacionam à função do pai. Vimos, ainda, que J.-A. Miller contrapõe assentimento e psicose. A responsabilidade na psicose é, portanto, fundada na tentativa de construção de uma resposta à recusa primordial da função paterna.

Cabe-nos, agora, explicitar os desígnios da função paterna em momentos distintos da elaboração lacaniana, correlacionando-a à responsabilidade na psicose. Inicialmente, passaremos brevemente pela questão da psicose como estrutura clínica determinada pelo mecanismo da *Verwerfung* (forclusão). Trataremos, nesse primeiro tempo, da *Verwerfung* em contraposição ao assentimento. Em um segundo tempo, abordaremos, enfim, a resposta singular de um sujeito psicótico, retomando, para isso, a narrativa de Ângela, presente no Capítulo 1.

4.1 – A psicose como estrutura deficitária do significante Nome-do-pai

A descontinuidade estrutural operada pelo significante Nome-do-Pai

Retomemos os primórdios da estruturação subjetiva. De início, podemos apreender em Lacan, tanto no texto "Resposta ao comentário de Jean Hyppolite sobre a *Verneinung* de Freud" como no texto posterior, "De uma questão preliminar a todo tratamento possível da psicose", que ambos os mecanismos de linguagem – *Bejahung* e *Verwerfung* – operam sobre o significante. No primeiro texto, Lacan fará uma distinção entre as instâncias do simbólico e do real na constituição do sujeito e, então, empregará o termo *Verwerfung* – traduzindo-o por supressão e, posteriormente, por forclusão – para designar, nesse momento, o mecanismo que se opõe à *Bejahung* primordial e constitui, como tal, aquilo que é expulso. Isso que foi expulso jamais virá a ser conhecido pelo sujeito "no sentido do recalque" nem jamais será reencontrado em sua história ou apropriado por ele posteriormente, dado que aquilo "que não veio à luz do simbólico aparece no real"[173].

Como ilustração do exposto, Lacan se vale do relato de dois fenômenos: um fragmento clínico de Freud sobre a "alucinação do dedo cortado" do paciente conhecido como "homem dos lobos" e de um caso de *acting out* relatado por Ernst Kris. Com o primeiro caso, o psicanalista francês ilustra uma supressão da castração. Ou seja, o conteúdo da alucinação, tão maciçamente simbólico, deve seu aparecimento no real ao fato de não existir para o sujeito. Há efetivamente, aí, uma "ex-sistência" no real daquilo que, no sujeito, não foi possível existir. O segundo exemplo traz um outro modo de interferência entre simbólico e real, dessa vez não sofrida pelo sujeito, mas por ele atuado.

No segundo texto, "De uma questão preliminar...", Lacan utilizará, com mais precisão, essas operações, indicando que a *Verwerfung* (forclusão) age num ponto específico da cadeia, num determinado significante

[173] LACAN. *Escritos*, p. 390.

chamado por ele de Nome-do-Pai[174]. Esse significante especial responde no Outro (matriz de significantes) pela possibilidade do efeito metafórico de substituição, pela possibilidade de funcionamento da própria lei do significante e pelo advir da significação fálica. Essa operação permite que o sujeito se sirva da linguagem na sua condição de discurso. A descrença em tal função – também designada como forclusão do significante Nome-do-pai – faz com que a causa não adquira valor de existência para o sujeito e, assim, só poderá "ex-sistir" no real (do lado de fora do simbólico), como acontece no caso das alucinações. A forclusão do significante Nome-do-Pai marcaria, a partir daí, a condição essencial para uma separação estrutural entre psicose e neurose. Contudo, tal elaboração é construída a partir do paradigma da neurose. A psicose, como estrutura, constituiria, nesse caso, um déficit em relação à neurose: o déficit da metáfora paterna.

Nesse momento da teorização, no qual se situa "A questão preliminar...", Lacan privilegia a instância do simbólico, pois está voltado para a possibilidade de significação engendrada pela metáfora paterna, isto é, para a possibilidade fundamental do mecanismo de substituição de um primeiro significante representado pelo desejo da mãe. Lacan retoma o par parental freudiano de uma maneira peculiar: o pai é invocado como nome; a mãe, como desejo. Sabemos que, nesse momento, Lacan, recorrendo à linguística estrutural, pensa o sentido a partir de uma relação entre função e variável. O psicanalista articula o desejo à cadeia significante por meio do efeito metonímico, portanto incompatível com a significação. Lembremos que, nessa abordagem, o sintoma, ao contrário do desejo, só é passível de articulação no campo da metáfora. Isso nos indica que o sintoma está homologado pela emergência da significação, portanto só é pensável em termos de relação entre as instâncias do simbólico e do imaginário. Dessa forma, a metáfora paterna, graças à sua operação de substituição, franqueia ao sujeito a possibilidade de significação do desejo da mãe. Por outro lado, sua eventual ausência, ausência da metáfora paterna, impossibilita a emergência de uma nova significação: a significação fálica.

174 LACAN. *Escritos*, p. 564.

O Nome-do-Pai transgressor, capaz de acolher um chiste

Entretanto, já n'*O Seminário 5*: as formações do inconsciente, texto contemporâneo ao "De uma questão preliminar...", Lacan nos dá indícios da função do pai como aquela que nomeia algo no real ao conseguir distanciar-se do código. Vejamos o que comporta a dimensão do pai nesse contexto.

Tal como faz em "De uma questão preliminar...", n'*O Seminário 5*, Lacan localiza o significante do Nome-do-Pai como pertencente ao campo do Outro: "Esse é um termo que subsiste no nível do significante, que, no Outro como sede da lei, representa o Outro. É o significante que dá esteio à lei, que promulga a lei. Esse é o Outro no Outro"[175].

O Nome-do-Pai é o símbolo do pai, aquele que promulga a lei; trata-se do correspondente ao pai morto pelos filhos no mito freudiano de "Totem e Tabu", aquele que institui a lei da castração entre os irmãos. Esclareçamos, todavia, com Lacan, que o essencial não é a existência de uma pessoa que encarne essa autoridade, mas algo (uma função) que autorize o texto da lei, algo suficiente para comportar essa dimensão, ela mesma no nível do significante[176].

O arranjo conectivo forjado pelo presidente Schreber

Importa saber se a função Nome-do-Pai permite estabelecer a conexão entre código e mensagem. Lacan faz menção às psicoses em geral e a Schreber, em particular, como situações em que há a presença de uma ruptura entre mensagem e código. O código não ratifica as mensagens que chegam ao sujeito; com efeito, não lhe é conferida a possibilidade de que mensagens suplementares sejam acrescidas a ele, salvo se forem substituídas pela via imaginária[177]. Aliás, Lacan já abordara essa desconexão entre código e mensagem n'*O Seminário 3*, sobre as psicoses, e de

175 LACAN. *O Seminário. Livro 5*: as formações do inconsciente, p. 152.

176 LACAN. *O Seminário. Livro 5*: as formações do inconsciente, p. 162.

177 LACAN. *O Seminário. Livro 5*: as formações do inconsciente, p. 160-162.

lá ele retoma, a título de ilustração, o comentário sobre o resultado da exclusão das ligações entre a mensagem e o Outro no caso do presidente Schreber, ou seja, as duas grandes categorias de vozes e alucinações.

De um lado, há a emissão, no nível do Outro, dos significantes que se apresentam como a *Grundsprache*, a língua fundamental. Trata-se, nesse caso, de elementos originais do código que o sujeito articula, relacionando-os entre si. Lacan os descreve como a dimensão propriamente enigmática da significação, pois comportam infinitamente menos significação do que uma certeza que lhes é própria. Isto é, nessa situação, o Outro só faz emissões para além do código, sem nenhuma possibilidade de articulá-las às suas mensagens. Por outro lado, as mensagens, igualmente desconectadas, embora provindas do Outro, como qualquer mensagem, não são autenticadas em seu retorno. Daí formularem-se articulações interrompidas, expressas nas vozes alucinadas, do tipo: "E agora, quero dar-lhes...", "Especialmente, quero para mim...". As próprias mensagens aparecem na dimensão pura e rompida do significante, como algo que só comporta sua significação para além de si mesmo. Lacan indica, assim, como possibilidade de conectar mensagem e código, uma certa substituição das conexões simbólicas – ausente pela forclusão do significante Nome-do-Pai – por um curto-circuito imaginário, que serve a Schreber, por exemplo, para restabelecer uma posição que, embora delirante, é capaz de mantê-lo em equilíbrio. Isso é traduzido no esquema que Lacan traz na página 160 d'*O Seminário 5*.

O psicanalista amplia a dimensão do Outro ao estabelecer o Nome-do-Pai como capaz de ratificar uma mensagem no código. Assim, ele dirá:

> Com efeito, ele (o Outro) já não é unicamente a sede do código, mas intervém como sujeito, ratificando uma mensagem no código e complicando-a. Ou seja, ele já está no nível daquele que constitui a lei como tal, uma vez que é capaz de lhe acrescentar esse traço, essa mensagem, como suplementar, isto é, como ela mesma designa o para-além da mensagem.[178]

Portanto, trata-se aí de um pai capaz de acolher o novo, tal como acontece no *Witz*, para-além da mensagem, podendo, assim, nomear

[178] LACAN. *O Seminário. Livro 5*: as formações do inconsciente, p. 156.

algo do real. Miller aponta justamente esse ponto como aquilo que, n'*O Seminário 5*, é novo[179], em relação, inclusive, ao pensamento de Freud. Ou seja, contrariamente ao pai freudiano, do segundo tempo do Édipo, aquele que diz "não", o pai lacaniano é promissor, é aquele que pode dizer "sim". Dessa maneira, o Nome-do-Pai lacaniano é transgressor. É o que estabelece a lei mas também é aquele que a transgride, reconhecendo os casos particulares. A lei não é a regra – a regra pode estar ligada ao automatismo, quando funciona sozinha. A lei comporta a função daqueles que a fazem, e é justamente isso que dá a essa função sua autonomia. Em oposição à lei que serve à justiça – "algoritmo que funciona cegamente"[180] –, aquela que se representa cega, com venda nos olhos, J.-A. Miller, em sua leitura d'*O Seminário 5*, propõe pensar uma lei que comporte o *Witz* e que acolha a invenção de um sujeito.

O sujeito psicótico e a incomensurável servidão à caprichosa lei materna

Se, ao psicótico, como foi dito anteriormente, não é possível recorrer à lei simbólica instaurada pela metáfora paterna, resta-lhe a exposição desmedida a uma outra lei: a caprichosa lei materna. O termo capricho é utilizado por Lacan n'*O Seminário 5*, quando o psicanalista introduz a metáfora paterna a partir dos três tempos do Édipo[181]. Vejamos, resumidamente, como se ordena tal lei, à qual o sujeito psicótico serve, numa beatitude sem medida.

O termo capricho vem marcar a relação primordial da criança com o desejo da mãe. Esse desejo se constitui inicialmente pelo simples fato de que a mãe vai e vem e de que o mundo varia de acordo com sua presença ou sua ausência. Dessa maneira, a criança encontra-se, nesse primeiro tempo do Édipo, inteiramente submetida ao que Lacan designa como sendo a lei da mãe, uma lei não controlada, mas situada inteiramente na vontade do sujeito que a sustenta, ou seja, no bem-querer ou mal querer da mãe. Para que esse capricho materno seja simbolizado e se constitua

179 MILLER. *Perspectivas do Seminário 5 de Lacan*, p. 38-39.

180 MILLER. *Perspectivas do Seminário 5 de Lacan*, p. 39.

181 LACAN. *O Seminário. Livro 5*: as formações do inconsciente, p. 185-203.

como uma lei para o sujeito, é necessário um segundo tempo. Esse tempo segundo passa ao largo da estruturação psicótica e traz, como cunho essencial, o fato de que a mãe pode fundar o pai como portador de uma lei situada para além dela e de seu capricho. O que será fundamental na substituição do desejo da mãe pelo Nome-do-Pai é que esse nome pode se tornar o vetor de uma encarnação da lei do desejo, permitindo, dessa forma, a transmissão de uma lei que não seja anônima. Pois, ao delimitar o desejo materno, essa operação o simboliza e resguarda o caráter particular desse desejo.

A equivalência entre a caprichosa lei materna e o imperativo categórico kantiano

É interessante notar que Lacan propõe uma equivalência entre o capricho materno e a regra que funciona sem mediação e de forma automática. Isto é, ele iguala uma vontade imprevisível a uma lei anônima. Nesse mesmo diapasão, ainda soa a equivalência entre a vontade absolutamente desregrada e o algoritmo da justiça que funciona cegamente, incapaz de acolher a singularidade de uma resposta. Pode-se ouvir aí o eco kantiano, que Lacan faz ressoar do primeiro tempo do Édipo e cuja amplificação J.-A. Miller fará em sua leitura d'*O Seminário 5*[182].

Podemos, então, até correlacionar o capricho da lei materna à máxima universal, postulada por Kant, como fundamento da existência da lei moral em sua *Crítica da razão prática*: "Age de tal sorte que a máxima de sua vontade possa sempre valer como princípio de uma lei universal"[183]. Aparentemente, nada seria mais distante do capricho do que a lei kantiana, pois o capricho é uma vontade imprevisível, sem princípios e que se apresenta em total disjunção com a razão. Mas, ao mesmo tempo, o imperativo categórico pretende ser a voz da mais pura razão. Pretende enunciar, *a priori*, uma lei moral universal, imutável para todo e qualquer sujeito, baseada na máxima referente à "vontade livre" – de qualquer determinação empírica – de todo ser livre. No entanto, se nos detivermos melhor sobre essa questão, veremos que, tal como propõe

182 MILLER. *Perspectivas do Seminário 5 de Lacan*, p. 37.

183 KANT. *Crítica da Razão Prática*, p. 42.

Lacan no seu "Kant com Sade"[184], esse enunciado da lei moral articula o ápice da razão ao cúmulo da vontade, e, dessa maneira, os extremos se tocam. A força anônima da lei se torna a expressão de uma vontade pulsional acéfala; o sujeito é expulso da cena; a lei quer, a lei ordena, o gozo se faz lei, e a lei ordena o gozo.

Vejamos, a seguir, como Ângela, a jovem cuja história foi por nós contada no Capítulo 1 deste livro, responde a essa exposição sem medida ao caprichoso desejo materno.

A resposta de um sujeito ao capricho desmedido da mãe

Ângela nos dá precioso testemunho do caráter absoluto da junção entre lei e gozo, presente na psicose. Lei e gozo coincidem tanto nas figuras femininas quanto nas masculinas que percorrem a vida da jovem. A mãe, o tio ou mesmo a namorada, todas essas figuras encarnam a presença obscena e angustiante de um Outro não separado do gozo, que a faz de objeto. Sua mãe, ao mesmo tempo que a controla inteiramente, exercendo uma função de autoridade, relaciona-se com Ângela de forma erotizada e provocadora. O tio, por sua vez, a trata como criança, vigiando-a, proibindo-a de namorar em casa e de usar drogas. Ao mesmo tempo, ele se apresenta, a seus olhos, como "fogoso"; como se ele e somente ele tivesse todo direito ao gozo. Vemos, então, um sujeito que se mostra à mercê do capricho do Outro, que ora desempenha um papel castrador, ora o coloca como objeto de gozo, sem mediação de alguma lei que possa regulá-lo.

Há, ainda, a figura do pai, cuja diferença não se faz marcar. Ou, melhor dizendo, marca-se pelo significante droga: *Meu pai nunca me deu nada, só droga. [...] ele não cumpre o que promete. Ao lado dele, eu sempre podia tudo*. Da mesma maneira que o pai, Ângela também recorre às drogas. Algumas vezes, ela as busca até mesmo para fazer um certo apelo ao pai como lei, como um substituto do Nome-do-Pai. É o que constatamos quando a jovem nos relatou que ficava extremamente perturbada com a presença da mãe em casa vestida somente com roupas íntimas e com o convite para se deitarem juntas em sua cama. Nesses

[184] Cf. LACAN. "Kant com Sade". In: *Escritos*, p. 780-781.

momentos, Ângela a agredia e saía em busca de drogas pelas ruas. Ao sair em busca do pai-droga, ela testemunha mais uma vez, a junção absoluta da lei com o gozo.

Contudo, caprichoso mesmo será o encontro contingente que determinará o desencadeamento de sua psicose. Também esse encontro é marcado pela lei caprichosa. Encontro marcado com os próprios "homens da lei" - na figura dos policiais - que, ao encarná-la sem representá-la, espancaram e humilharam a jovem. Quando Ângela suplicou a presença do pai, os policiais a espancaram ainda mais. Temos, nesse desencadeamento, mais um marco da junção entre gozo e lei.

A passagem ao ato: uma saída do sujeito

Tomemos a tônica principal que a história de Ângela nos mostra: a junção absoluta entre a lei anônima e o gozo. Partindo desse ponto, tentaremos precisar a lógica que subjaz à passagem ao ato, nesse caso em particular e, a partir dele, tentaremos vislumbrar uma "certa universalização" da lógica da passagem ao ato que acomete as psicoses em geral.

Retomando os primórdios da constituição subjetiva, deparamos com a operação de significantização do gozo. J.-A. Miller[185] formula assim essa operação: *Ⱥ* /J. Com essa fórmula, escreve-se, ao mesmo tempo, uma substituição (metafórica) e uma interdição (interdição do incesto com a mãe ou interdição do gozo como tal). Sabemos que a operação de substituição nunca é completa, pois resta sempre um tanto de gozo não significantizado. Esse resto é designado objeto (a). Portanto, o objeto (a) é o resíduo da operação de significantização do gozo, o que restou como mais-de-gozo resistente à operação de substituição metafórica da linguagem[186]. Com o símbolo (a), Lacan

[185] Por meio da fórmula de significantização do gozo, Miller propõe a unificação das teorias freudianas dos complexos de Édipo e de castração e da metapsicologia. Com isso, ele aproxima o par parental, o pai, como nome, ao símbolo A (grande Outro) e a mãe ao J (gozo). A fórmula de que se trata é: o J é barrado pelo A e, como resto dessa operação, tem-se o *a* (objeto a). Cf. MILLER. *Cause et consentement*. Aula do dia 20 de abril de 1988.

[186] Cf. MILLER. *Cause et consentement*. Aula do dia 20 de abril de 1988.

inscreve o mais-de-gozar (excesso pulsional) para indicar algo distinto do Outro como lugar de significante, mas que se vincula à falta desse Outro. Pois não se trata aí de um significante, mas de um objeto e, como tal, pode não ser encontrado na realidade. Aliás, é justamente a extração desse objeto da realidade que permite a condição de consistência lógica do sistema.

Vimos, no capítulo anterior, que o objeto (a) compõe, junto à causa significante, as duas formas de causalidade a partir das quais o sujeito emerge como resposta. Aqui interessa-nos, sobretudo, marcar a posição da estruturação psicótica diante desse objeto. Assim, no que concerne à psicose, há um defeito na operação de significantização do gozo, posto que se trata da forclusão do significante Nome-do-Pai. A não extração do gozo do campo da realidade é equivalente à fórmula da forclusão do Nome-do-Pai. Dessa maneira, temos, na psicose, o que Lacan chamou de "identificação do gozo no lugar do Outro"[187]. Em outros palavras, não há separação entre o que concerne ao gozo e o que concerne ao Outro como lugar de significante.

Eis, então, o motivo pelo qual Lacan dizia (não sem ironia, ironia oximoresca) que o louco é o homem livre: a psicose é essa estrutura em que o objeto não está perdido, em que o sujeito o tem à sua disposição[188]. Ao mesmo tempo, na psicose, o Outro não está separado do gozo. O sofrimento do psicótico está ligado, pois, a uma operação de separação que não aconteceu. Isto é, não havendo, na psicose, a extração do objeto (a) do campo da realidade, haverá, consequentemente, um real em excesso presentificado no Outro.

Lembremos que a passagem ao ato já é, antes de tudo, uma resposta. Essa será a solução encontrada por Ângela para separar o gozo desse Outro que suscita a angústia do incesto e da cena primitiva. É por essa via que ela tentará produzir, no real, a castração não operada no simbólico. Trata-se de obter a extração do objeto (a) (desse ponto

[187] LACAN. "Apresentação da tradução francesa das memórias do presidente Schreber". In: *Falo.*

[188] Cf. LACAN. *Petit discurs aux psychiatres.*

de gozo) que invade e submete o sujeito e, ao mesmo tempo, visa a uma separação radical do Outro[189].

Concordamos com J.-C. Maleval quando ele nos diz que, "para se separar de um objeto muito angustiante, para instaurar um corte pacificador, para fazer surgir um pai segundo a lei, um sacrifício se impõe"[190]. Daí, conclui-se que a lei é correlativa a uma perda de gozo. Assim, é por meio de um assassinato, ato de sacrifício que mortifica o corpo e subtrai dele o gozo, que Ângela tenta fazer existir a lei. Entretanto, compondo a mesma cena do assassinato, seguir-se-á um outro ato, esse de caráter reparador, visando à recuperação do gozo pelo decepamento do pênis do corpo do tio morto e da benzedura com água benta, numa derradeira tentativa de trazê-lo de volta à vida. Assistimos, assim, em uma mesma cena, ao gozo que se junta à lei. Gozo e lei ocupando o mesmo lugar, no mesmo ato em que o sujeito sai fora da cena.

É precisamente essa a definição de passagem ao ato que M. C. Bechelany Dutra traz em sua dissertação de mestrado: "A saída da cena, o 'deixar-se cair' no momento do relacionamento súbito do sujeito com o que ele é como objeto a"[191]. O sujeito, então, se precipita desde ali onde se encontra e cai essencialmente fora da cena. Sobre isso, Ângela vem nos dar o seu testemunho, após o assassinato do tio materno: *Surpresa fiquei quando me contaram, aqui no hospital, após três dias do ocorrido, que tudo o que eu apenas achava ter-lhe dito havia acontecido de verdade. Só acreditei porque me reconheci nas fotos do crime contidas nos documentos do processo policial [...]. Fui possuída pelo mal.* Fora da cena, Ângela a resgata, somente alguns dias depois do ocorrido, a partir da perspectiva de uma foto da cena do crime presente nos documentos do processo. Mas que mal é esse pelo qual o sujeito afirma ter sido possuído senão o *Kakon* – o objeto (a) –, que, ao possuí-lo, apaga-o e rouba a cena[192]?

189 MILLER. *Cause et consentement.* Aula do dia 20 de abril de 1988

190 MALEVAL. "Parricídio e foraclusão do Nome-do-Pai". In: *Curinga*, p. 81.

191 DUTRA. *As relações entre psicose e periculosidade*, p. 76.

192 *Kakon*: palavra grega que significa desgraça, dor. Lacan emprega esse termo a partir da concepção de Guiraud, no que diz respeito à presença do mecanismo libertador do *Kakon* encontrado nos homicídios imotivados. Lacan diz nos seguintes termos:

4.2 – O exame da norma a partir daquilo que a psicose ensina

"Bárbara-cena": uma dimensão real da lei

Um sujeito não advém apenas como resposta ao código das leis mas também como resposta do real na medida em que ele for capaz de responder ao que se lhe apresenta como fora da lei. Dessa forma, Ângela nos mostra uma resposta, absolutamente clara e precisa, na qual consta uma coincidência entre o cumprimento da lei e a satisfação do gozo. Podemos escutar essa resposta em seu apelo: *pedimos a Deus, não nos deixe cair em tentaç*ão, ou seja, sermos transferida*s para a Bárbara-cena.* Tanto o Hospital Judiciário de Barbacena, onde se cumpre a lei, quanto a cena em que o gozo é revelado se impõem para o sujeito a partir de um único e mesmo registro: o real.

No que concerne à "Bárbara-cena", Ângela vem mostrar a lei em sua dimensão real. O que não quer dizer, paradoxalmente, que o real tenha lei. E é justamente por isso, pela ausência de lei no real, que Ângela se considera inocente e sem responsabilidade no que se refere ao crime praticado. Entretanto, em algumas situações, busca a inscrição de seu ato no Código Penal. Tanto nesse caso como nos demais casos de psicóticos infratores que conduzimos em comum com a instância jurídica, observamos que o discurso jurídico passa a ser o enquadre privilegiado pelo sujeito, de modo que sua mensagem homicida possa encontrar uma ratificação no código (Código Penal).

"Guiraud [...] faz questão de reconhecer que não é outra coisa senão o *Kakon* de seu próprio ser que o alienado procura atingir no objeto que ele fere". Cf. LACAN. "Formulações sobre a causalidade psíquica". In: *Escritos*, p. 176. Lacan utiliza o termo para se referir "ao próprio ser" do sujeito. Miller propõe o *Kakon* como um dos nomes do objeto como êxtimo, o que significa que o ser golpeado no exterior é o ser mais íntimo do sujeito. Cf. MILLER. *Cause et consentement.* Aula do dia 20 de abril de 1988. Portanto, a abordagem psicanalítica apreende o *Kakon* como objeto (a), de cuja não-extração resulta o sofrimento do psicótico. Cf. MALEVAL. "Parricídio e foraclusão do Nome-do-Pai". In: *Curinga*, p. 77. Cf., ainda, DUTRA. *As relações entre psicose e periculosidade*, p. 73-77.

Nessa perspectiva, Eric Laurent nos chama a atenção para "as novas ficções jurídicas" que vêm sendo construídas no mundo contemporâneo como modos de ordenar a coexistência de gozos múltiplos representados pelas práticas sociais, cujo desafio seria o de poder encontrar formas de lidar com o gozo, podendo dispensar o modelo da identificação ao pai[193]. Cabe-nos, então, saber que ficções podem ser eficazes para os sujeitos psicóticos infratores sob nossos cuidados. Trata-se de verificar, na narrativa de Ângela, a possibilidade de construir, na interface com a instância judiciária, ficções possíveis para regular o gozo - correlatas ao consentimento a outros sintomas, como às ficções jurídicas - concernente ao sujeito em questão, que, na impossibilidade do assentimento subjetivo ligado ao Nome-do-Pai, necessita encontrar outras ancoragens capazes de dar uma representação ao gozo, possibilitando-lhe, assim, meios de efetivar outras respostas, mesmo que delirantes. Dessa maneira, seria possível evitar lançar mão de soluções via passagem ao ato, criando-se outras saídas aos impasses que, por essa via, lhe foram colocados.

Se, desde *O Seminário 5*, Lacan afirmava que é preciso que saibamos nos servir do Nome-do-Pai[194], em *RSI*, já nos anos 70, ele dirá que podemos até dispensar o pai com a condição de servirmo-nos dele[195]. Embora, aparentemente, não se observem grandes diferenças entre "saber servir-se de" e "poder dispensar" o pai, essas duas afirmativas se apoiam em lógicas fundamentalmente distintas. É o que tentaremos demonstrar a seguir.

Conforme denuncia J. A. Lavigne, na elaboração lacaniana de 1958 ("De uma questão preliminar" e *O Seminário 5*), o desejo da mãe é tomado por Lacan na dimensão do significante. A fórmula da metáfora paterna nos mostra como, de um significante substituído por outro, emerge fundamentalmente a significação do falo. Porém, tal formulação nada nos diz do gozo da mãe, da mãe como *das Ding*, a Coisa. Ou seja, a dimensão da significação do gozo, partindo do próprio gozo, é um problema velado

193 LAURENT. "O que as psicoses ensinam à clínica das neuroses". In: *Curinga*, p. 180.

194 Cf. LACAN. *O Seminário. Livro 5:* as formações do inconsciente, p. 163.

195 LACAN. *R.S.I. Le Séminaire*. Lição de 11 de fevereiro de 1975.

pela fórmula da metáfora paterna e que merecerá, então, a partir daí, o esforço da teorização de Lacan[196].

Vemos, numa primeira elaboração, o significante Nome-do-Pai como um elemento pertencente ao campo do Outro, ao mesmo tempo que lhe é resguardado um estatuto de significante especial: significante da lei, o Outro no Outro, passível, até mesmo, de auto-sancionar uma lei após haver concluído seu discurso. Na elaboração subsequente, cujo ponto de partida é o gozo e não mais o significante do desejo da mãe, temos precisamente o significante do Nome-do-Pai não mais pertencente ao campo do Outro, mas a ele relacionado como um suplemento a ser construído fora, proporcionando-lhe uma consistência. Revela-se, a partir daí, o matema da inconsistência e da incompletude da estrutura simbólica – S ($\not{A}$) –, ou seja, do significante de uma falta no Outro, inerente à sua função de ser o tesouro do significante. A falta de que se trata é, com efeito, apontada por Lacan na formulação: "não há Outro do Outro"[197].

A descrena do psicótico na autocensura ou a ausência de um dos termos da crena

Ora, Freud já assinalara para Fliess, no seu "Rascunho K", a descrença do sujeito psicótico no pai, naquilo que, no código da linguagem, representa a lei. Nesse texto, podemos ler:

> O elemento básico da paranoia é o mecanismo da projeção, que envolve a recusa da crença na autocensura. Daí decorrem seus aspectos característicos comuns da neurose: a importância das vozes, como meio pelo qual outras pessoas nos afetam, e também dos gestos, que nos revelam a vida mental das outras pessoas; e a importância do tom dos comentários e das alusões das vozes – pois que uma referência direta que ligue o conteúdo dos comentários à lembrança recalcada é inadmissível para a consciência.[198]

196 Cf. LAVIGNE. "IV Seminário de texto: 'De una cuestión preliminar a todo tratamiento posible de la psicosis' Intervención- Discusión." In: *Cuadernos CFC*, p. 19-21.

197 Cf. LACAN. "Subversão do sujeito e dialética do desejo no inconsciente freudiano". In: *Escritos*. p. 833.

198 FREUD. "Rascunho K", p. 309.

O que nos chama a atenção nesse esquema de Freud é que a "recusa de crença" é colocada por ele como anterior ao recalque[199] e como condição de possibilidade para a existência de qualquer representação. Freud, ainda no texto citado, nos lembra de que o delírio se instauraria, num segundo tempo, como tentativa de restauração da crença primária que não houve. A certeza delirante funciona, pois, como um substituto da crença primária. Essa recusa primária na autocensura, que Freud detecta no paranoico, é, então, tomada por Lacan como ausência de um dos termos da crença.

Assim, Lacan, n'*O Seminário 11*, ao comentar a holófrase, nos diz que

> Essa solidez, esse apanhar a cadeia significante primitiva em massa, é o que proíbe a abertura dialética que se manifesta no fenômeno da crença. No fundo da própria paranoia, que nos parece no entanto toda animada de crença, reina esse fenômeno de *Unglauben*. Não é o não crer nisso, mas a ausência de um dos termos da crença, do termo em que se designa a divisão do sujeito.[200]

Ora, qual seria esse "um dos termos da crença" senão o significante mestre, ¨, primeiro significante da *Bejahung* primordial que instaura o inconsciente no sujeito[201]? A descrença do psicótico na função de normatização do significante mestre não permite a subjetivação da censura. Embora a censura venha do Outro, a falta de crença na função do mestre colabora para não ratificá-la, impossibilitando, assim, que o sujeito dela se aproprie. Todavia, se examinarmos a questão por outro prisma, não mais a partir do enquadre da neurose, da qual a psicose se distingue como déficit, mas a partir da psicose, veremos que a recusa da crença no ideal normativo imposto pelo significante mestre, ¨, ou melhor dizendo, o não assentimento do psicótico à *Bejahung* primordial denota (conforme explicitaremos a seguir), assim como se estrutura a língua tomada como

[199] O termo recalque é aqui utilizado por Freud no sentido geral de defesa, indiferenciadamente para a neurose e para a psicose.

[200] LACAN. *O Seminário. Livro 11*: os quatro conceitos fundamentais da psicanálise, p. 224.

[201] A ideia de correlacionar o não assentimento do psicótico à recusa da crença na autocensura e à função de normatização da realidade imposta pelo significante mestre, respectivamente, foi-nos sugerida por Elisa Alvarenga, em março/2001. Cf. também ALAVARENGA. "O sujeito psicótico e a lei". In: *Curinga*, p. 66-67.

sistema puramente diferencial pela linguística estrutural, antes de tudo, "uma tentativa de rigor"[202].

Ficções benthamianas *versus* ficções lacanianas

Sabemos que a linguística, no século XX, avança no sentido de uma ruptura do esquema representativo da linguagem. De acordo com uma análise lógica da linguagem, observa-se que ela é um péssimo aparelho para referir. A língua, como sistema puramente diferencial, não se encontra vinculada à identidade do referente[203].

Contrapondo a inspeção científica da língua, tomada como sistema puramente diferencial, encontra-se a língua jurídica. Essa língua, a jurídica, é designada por J.-A. Miller como sendo o melhor aparelho para fazer referências o mais exatamente possível: "No exercício jurídico, tenta-se, de fato, fazer com que a linguagem se refira exatamente ao objeto em questão"[204]. Examinemos, então, a base desse contraponto.

A pesquisa jurídica da verdade se funda na correspondência, no saber referencial. Esse saber é o modelo que se encontra na teoria das ficções proposto por Jeremy Bentham, o qual se apoia sobre a ideia de que a objetividade dos fatos e a capacidade do simbólico de representá-los estão em justo acordo. Recuperemos, aqui, o que foi dito no Capítulo 2 sobre o modelo de classificação utilitarista: "Os homens, as palavras - trata-se de estancar suas flutuações, de cercar todos os deslocamentos, de fixá-los de uma vez por todas a um lugar"[205]. Assim, as ficções benthanianas se fundam num modelo em que o discurso e o real são reversíveis, ou seja, sem resto. Em contraposição, a proposta lacaniana de ficção considera o real e a impossibilidade do simbólico de transcrevê-lo totalmente. Nesse modelo, a verdade não

[202] MILLER. "A psicose no texto de Lacan". In: *Curinga*, p. 94.

[203] Cf. MILLER. "A psicose no texto de Lacan". In.: *Curinga*, p. 96-97.

[204] MILLER. "A psicose no texto de Lacan". In: *Curinga*, p. 96. Esse uso do exercício do jurídico é colocado por Lacan no registro chamado, por ele, de discurso do mestre, aquele que diz o que deve ser feito.

[205] MILLER. "A máquina panóptica de Jeremy Bentham". In: *O Panóptico ou a casa de inspeção*, p. 90.

é verificada pela referência, mas por uma coerência lógica, pois ela se dirige ao semblante.

Lembremos o que afirma Lacan: "Só existe fato enquanto fato do discurso, e não há discurso que não seja do semblante"[206]. Não há discurso que não seja do semblante, dado que o discurso só permite que a linguagem se refira à realidade ao colocá-la sob o registro do significante mestre. Assim, quando Lacan formula que a verdade tem estrutura de ficção, é no sentido de que ela, segundo assinala J.-A. Miller, não é exata, ela não tem estrutura de correspondência ou adequação com os objetos do mundo, isto é, a verdade não é verificada pela referência: "A verdade – o que aprendemos com a ficção lógica – é verificada pela coerência"[207].

Dessa forma, contrapõem-se dois tipos de saberes: o primeiro é o "saber referencial", cuja magnitude é ilustrada pelo discurso jurídico, aquele que se estrutura sobre uma correspondência ou representação mediante a vinculação ao referente que não demonstra a sua razão de ser. O segundo é o "saber textual", aquele que se estrutura pelas articulações internas do texto. O "saber textual" é, segundo J.-A. Miller, sempre delirante. Isto é, constitui uma montagem de linguagem construída sobre um vazio. Pois, no rigor da operação lógica, verificamos que a referência como tal sempre falta à linguagem. Daí se funda a clínica universal do delírio. Nós a fundamos, conforme denuncia J.-A. Miller, sobre o que faz o psicótico sujeito, ou seja, o fato de ele ser na linguagem e recusar a identidade arbitrária da referência[208].

Psicose: uma tentativa de rigor linguístico

O discurso só permite que a linguagem se refira à realidade ao colocá-la sob o comando normativo do significante mestre que, a princípio, é um significante qualquer. Sobre o vínculo entre o significante e o referente, A. Teixeira esclarece: "O sujeito integrado na realidade é, na verdade, um sujeito sub júdice, mesmo se ele o ignora. Ele deve admitir,

206 LACAN. *De um discurso que não seria do semblante*, curso inédito de 30/01/1971.

207 MILLER. "A psicose no texto de Lacan". In: *Curinga*, p. 96.

208 MILLER. "A psicose no texto de Lacan". In: *Curinga*, p. 96-97.

para se servir da linguagem, o gesto normativo suplementar que institui o laço, de outro modo ausente, entre o significante e o referente"[209]. Esse gesto normativo suplementar do qual nos fala A. Teixeira é precisamente o gesto de assentimento que, para a psicanálise, como vimos no capítulo anterior, é um ato inconsciente do sujeito. E, por se tratar de ato, essa adesão do sujeito a uma norma não se apoia sobre o princípio da lógica guiada pela razão. Ao contrário, esse assentimento do sujeito - que determina a ordenação do referente pelo significante - apoia-se sobre uma base ilógica. Portanto, a realidade depende, para se sustentar, do não questionamento, por parte do sujeito, desse princípio arbitrário que elege o referente. A "tentativa de rigor" da psicose, sobre a qual nos fala J.-A. Miller, se estabelece justamente no ponto da recusa em aceitar esse princípio de arbitrariedade que se impõe à ordenação significante pelo discurso. Daí as afinidades entre ciência e psicose, segundo apontado por J.-A. Miller, serem fundadas na estrutura[210], pois ambas recusam a arbitrariedade da referência.

Desrealização: a imersão total do sujeito na linguagem

No que diz respeito ao padecimento clínico, o sujeito psicótico em crise testemunha a ausência do campo referencial - decorrente da recusa em aceitar a coesão arbitrária da realidade imposta pelo significante mestre - por meio da dispersão da realidade, fenômeno também descrito nos tratados clássicos de psicopatologia sob o termo "desrealização". Por causa dessa recusa, o sujeito vai denunciar, no interior da realidade social constituída pelo discurso, o fundamento ilógico do aspecto normativo que o ordena. Tal dispersão se reflete na ironia psicótica[211].

209 TEIXEIRA. "Forclusão generalizada: como é possível não ser louco?". In.: *Curinga*, p. 62.

210 MILLER. "A psicose no texto de Lacan". In: *Curinga*, p. 99. Sobre a afinidade entre a ciência e a psicose, pode-se tirar a seguinte consequência: há saber no real, o qual responde ao saber delirante que se constrói. O que distingue a psicose da ciência é que, na ciência, o saber no real não fala.

211 A ironia é, segundo Miller, a forma que o esquizofrênico emprega para dizer que o Outro não existe; de desacreditar na possibilidade do laço social, para dizer

Retomemos novamente, para melhor vislumbrarmos essa dispersão da realidade, um fragmento da narrativa de Ângela. Sobre o ato homicida, a jovem relata: *Estava em crise. Não tenho culpa, segundo o laudo do psiquiatra. Lembro-me de ter-lhe dito (referindo-se à vítima do homicídio) as barbaridades que iria fazer com ele caso não largasse do meu pé [...]. Surpresa fiquei quando me contaram, aqui no hospital, após alguns dias do ocorrido, que tudo o que eu apenas achava ter-lhe dito havia acontecido de verdade. Só acreditei porque me reconheci nas fotos do crime contidas nos documentos do processo policial [...]. Fui possuída pelo mal.*

Estamos aí diante de um sujeito psicótico em crise. Ao contrário do neurótico, ele não crê, não se deixa iludir por uma certa aptidão da linguagem, como aparelho de referir. Ele não crê, por não assentir à arbitrariedade imposta pelo significante mestre. Por isso, encontra-se totalmente imerso na linguagem, na forclusão generalizada. Tal imersão testemunha que as palavras e as coisas estão no mesmo registro; daí decorre o fato de sua fala estar no mesmo registro da passagem ao ato e de não haver o menor traço de conflito entre a exigência pulsional e a realidade. Simultaneamente, embora não subjetive a verdade do fato, esse sujeito não desconhece seu feito. Lembremos que a condição de subjetivação também decorre da possibilidade de inscrição do sujeito em um discurso bem como da aceitação do aspecto normativo que subjaz na função do significante mestre.

Se a psicose, estruturalmente, fundamenta-se na recusa em aceitar a coesão arbitrária da realidade imposta pelo significante mestre, trabalharemos, então, com a seguinte hipótese: é possível favorecer uma implicação do sujeito em seu ato, por meio de uma parceria entre equipe de tratamento e juiz? Trata-se, nesse caso, de oferecer ao paciente um campo referencial para a construção de uma ficção suplementar que estruture sua verdade, colocando a palavra do mestre do tribunal como uma função reguladora a ser construída. Espera-se, nesse sentido, que a Medida de Segurança e as eventuais modificações sancionadas pelo juiz, em colaboração com a equipe de tratamento, venham a ter o valor de um ato clínico que textualmente funcionaria como uma medida justa,

que o laço social no fundo é uma escroqueria. Cf. MILLER. "Clínica irônica". In: *Matemas I*, p. 190-191.

justa para a singularidade que nos aponta o caso. Por meio dessa pretensa instituição do vínculo entre o significante e o referente, estaríamos legitimando outras saídas possíveis para esse gozo mortífero, possibilitando o consentimento do sujeito à construção de uma ficção jurídica, sem significar, porém, uma desresponsabilização de sua parte nem um desconhecimento do crime cometido.

As ficções jurídicas como reguladoras do gozo: uma aposta

As psicoses nos ensinam, segundo Eric Laurent, que há maneiras de lidar com o gozo que permitem fazê-lo emergir no reconhecimento, que permitem dar-lhe uma representação sem passar pela identificação ao pai. "O pai como ficção, como ficção útil para um certo real, é um caso particular na série de ficções que funcionam na psicose como ponto de ancoragem"[212]. E. Laurent nos lembra de que, nos anos 70, Lacan estabelece o pai como simples modelo de uma função de gozo, designado "pai-versão", o pai como sintoma. No lugar do significante Nome-do-Pai, podemos ter, na psicose, outros sintomas da ordem da suplência, ou seja, ficções jurídicas para regular o gozo. Aposta-se, seguindo a indicação de E. Laurent, que, nessa parceria com o Direito, alguma intervenção clínica possa ser efetivada na intenção de uma subjetivação, da construção de uma nova ficção moderadora do gozo.

A Medida de Segurança que determina a permanência de Ângela no hospital é tomada, assim, como uma variável clínica; busca-se fazer com que esse elemento universal opere na singularidade do seu caso. Lembremos que Ângela recebeu, diretamente do juiz, a Medida de Segurança que determinava a sua permanência no hospital, em tratamento por três anos, além da necessidade de ir regularmente ao fórum, escoltada pela polícia, prestar contas de seu trabalho elaborativo. A Medida de Segurança apontava, ainda, a possibilidade de transferência para a penitenciária ou para o Hospital Judiciário de Barbacena, caso a jovem continuasse infringindo, da maneira como vinha fazendo, as normas da instituição.

212 LAURENT. "O que as psicoses ensinam à clínica das neuroses". In: *Curinga*, p. 179.

Apesar da severidade e dureza com que o juiz lhe dirigiu a sentença, proferida na presença de um técnico da unidade, na entrevista seguinte, Ângela referiu-se a esse momento da seguinte forma: *O juiz me absolveu do crime*[213]*, apenas disse que devo fazer tratamento até completar dois anos de internação. E, depois que fizer o exame de cessação de periculosidade, devo tratar no ambulatório. [...] E aí, dá para liberar uma saidinha de final de semana para casa, Dr.?.*

O consentimento do Outro à lógica sacrificatória

Lembremos que Ângela, durante o período de internação, apesar de nossos esforços, não respeitava as normas do hospital e reivindicava, fazendo coro ao comportamento da mãe, atendimento especial. Uma mudança de posição aconteceu apenas quando se efetuou também uma mudança por parte da mãe, após ter sido interpelada pela justiça. A mãe foi alertada pelo juiz sobre a gravidade do caso de Ângela e informada sobre o conteúdo da Medida de Segurança. Com efeito, passou a recomendar que a filha confiasse a seus terapeutas tudo o que ela lhe falara a respeito da entrada de drogas no hospital, do assassinato por ela cometido e outras confidências mais. Desde então, Ângela realmente se apaziguara. Em decorrência disso, fomos levados a pensar que, a partir do consentimento da mãe - consentimento que só ocorreu após ter sido diretamente implicada na Medida de Segurança –, as normas puderam ter um ponto de ancoragem na lei.

Apoiados nesses últimos fatos, seria interessante marcarmos dois pontos. O primeiro diz respeito a esse ato específico: o alerta do juiz dirigida à mãe. Notemos que, assim como um ato clínico, ele acolhe algo de singular envolvido na situação. Ou seja, tal como o pai lacaniano

213 Deixemos registrada aqui uma mensagem ao magistrado. Trata-se da nossa indignação com o ritual judiciário adotado por alguns juízes ao sancionarem a Medida de Segurança. Como sabemos, nos casos em que se configura a inimputabilidade, não há julgamento na forma de tribunal do júri. Nesses casos, o juiz, antes de proferir a sentença (a Medida de Segurança) que cabe ao acusado, a norma jurídica prevê que lhe absolva do crime. Nossa indignação maior recai, sobretudo, no fato de o juiz dizer ao interessado que ele está absolvido do ato por ele praticado. A esse ritual podem-se seguir consequências clínicas desastrosas, como testemunha Ângela, inclusive no que se refere à responsabilização pelo ato.

do terceiro tempo do Édipo, o juiz faz com que uma função simbólica opere aí, ao particularizar a norma, distanciando-se do código (jurídico) e colocando-a sob um novo estatuto: o da lei. Dessa forma, abriu-se a oportunidade de acolher o novo. O segundo ponto diz respeito ao consentimento ao sacrifício. Seguindo esse ponto, procuremos entender o laço estabelecido entre o sujeito e o Outro.

Vimos, no Capítulo 3, que o sacrifício também tem como função operar uma metamorfose. Trata-se do consentimento ao sacrifício da punição que, na história de Ângela, tornou-se possível não somente após a nomeação da jovem pelo juiz, mas após o consentimento das partes envolvidas. Tal como acontece na lógica sacrificatória, ambas as partes devem consentir ao sacrifício. Assim, ao que tudo indica, a operação de consentimento exige dois tempos: um do sujeito e outro do Outro. Nesse caso, a possibilidade de o sujeito responder por outras vias que não os habituais sacrifícios feitos por passagens ao ato só se tornou possível pelo viés de um consentimento indireto à punição, que passou pela mãe.

O reconhecimento do gozo: transformação do real em verdadeiro

No testemunho jurídico, segundo Lacan, trata-se de reconhecer o gozo, transformando o real desse gozo em verdadeiro, o que nunca é completamente possível. A verdade à qual se refere o psicanalista diz respeito à lei que regra o gozo[214]. Se, no caso da psicose, a lei que o regra – pelo significante do Nome-do-Pai – não foi instaurada no sujeito, perguntamos: seria possível outro artifício que permitisse ao psicótico reconhecer o seu gozo, ou ainda, o seu ato?

[214] O termo *verdade* empregado por Lacan nesse contexto não corresponde, conforme ele mesmo esclarece, à sua origem grega *Aletéia*, sobre a qual tanto especulou Heidegger, mas ao termo hebreu *Emet*, que tem, "como todos os usos do termo verdade, origem jurídica". Cf. LACAN. *O seminário. Livro 20*: mais, ainda, p. 123-124. Essa distinção é fundamental, conforme elucida Miller, para designar a existência da verdade somente como possível reconhecimento do gozo. Já a *Aletéia*, conforme empregada por Heidegger, supõe ser velada e, sobretudo, relaciona-se à disposição do sujeito em desvelá-la. Cf. MILLER. *Cause et consentement*. Aula do dia 15 de maio de 1988.

Examinando o fragmento que segue, transcrito também no Capítulo 1, veremos que Ângela nos ensina, com límpida transparência, que poderá haver algo estabelecido no Código Penal capaz de acolher sua mensagem e de delimitar esse "real sem lei", a partir do qual a invenção singular fictícia se faça possível.

Quando se aproxima o exame pericial de cessação de periculosidade, Ângela mostra-se bastante ansiosa, pois carrega consigo um temor: caso "passe" no exame, teme por sua vida: *Quando eu sair daqui, alguns de meus tios vão querer me matar, mesmo que eu me mude para outra cidade, mesmo que* não for por agora, *mesmo que eu fique velha; para que não seja dado mais um desgosto para minha mãe, eles vão me matar.* Lembremos que, nesse momento, o analista interveio, advertindo-a que há uma lei que proíbe esse tipo de ato assim como prevê punições para quem a transgrede. Ao que Ângela respondeu: *Tenho tios, alcoólatra e doente mental, que não seriam punidos se me matassem.*

Seguindo a perspectiva de que há uma possibilidade de ratificação da mensagem do sujeito pelo código (seja ele penal, ou civil), resta-nos saber se não estaria descartada a ratificação de uma mensagem por um outro inconsistente, até mesmo quando esse Outro está em relação com o discurso jurídico. Assim, utilizando como chave de leitura a teoria da forclusão generalizada, tal como propõe J.-A. Miller, poderemos, ao que tudo indica, reconhecer que as conexões entre a mensagem que representa o sujeito e o código em que ela poderia receber sua inscrição são da ordem das ficções. Nessa perspectiva, em que se fundamenta o recurso à ficção, estaria o reconhecimento do caráter de semblante da relação entre código e mensagem.

Da ficção de não punição: mensagem do sujeito ratificada pelo Código Penal

Parece-nos que Ângela utiliza esse recurso; ela recorre à ficção. Ângela nos indica o ponto determinado do Código Penal em que há a ratificação de sua mensagem, ponto esse que estabelece, justamente, a proteção do doente mental e a não punição decorrente dos eventuais atos homicidas. Lembremos que, aos olhares do legislador, os atos homicidas praticados por doentes mentais em determinada circunstância não são considerados crimes, pois existe um artigo que os absolve e outro que determina a medida de proteção e de segurança. Esse ponto do Código Penal é que parece acolher a mensagem de Ângela, ponto em que coincide o cumprimento da lei universal e a satisfação do gozo não regulamentado, expresso na certeza de sua não punição. Em outros termos, a norma jurídica que estabelece a não punição dos seus atos, antes de protegê-la, é tomada por ela, paradoxalmente, como furo no código que a expõe permanentemente ao perigo das eventuais investidas contra si mesma, por parte daqueles que se encontram na mesma situação: *Tenho tios, alcoólatra e doente mental, que não seriam punidos se me matassem*. Nesse sentido, analisando os elementos clínicos, aquém do Código Penal, a punição, para esse sujeito, se faz ética.

Ainda nessa perspectiva, o grafo lacaniano[215] parece poder situar o ponto de encontro da mensagem de Ângela no código, localizado justamente sobre o encontro com o significante da falta no Outro. Nesse ponto, a mensagem, para ser ratificada, deverá testemunhar o encontro com o vetor da pulsão e o real que aí se esboça. Pois, a partir do ponto de ex-sistência que encerra a certeza de não punição contida na sua mensagem, obviamente invertida (não punição dos outros: tios), posto que se trata de uma estrutura psicótica, Ângela encontra a sua ratificação no código (Código Penal). Encontra-a, porém, de uma forma paradoxal, pois, diferente do sentido esperado pelo legislador, que pretende, com tal norma, proteger a sociedade das intempéries do real, deixando de punir os doentes mentais, Ângela vem denunciar que essa norma expõe permanentemente todo o corpo social, universalmente, ao perigo da impunidade desregrada.

Lemos, na denúncia da jovem, o movimento de uma universalização insuportável, o mesmo em que se encontra apoiada a lógica da "Típica" da razão prática kantiana[216]. Sabe-se que a Típica é o procedimento utilizado por Kant na sua *Crítica da Razão Prática* para determinar se uma ação empírica é moral, ou seja, se procede de uma

[215] LACAN. "Subversão do sujeito e dialética do desejo no inconsciente freudiano". In: *Escritos*, p. 831.

[216] Cf. KANT. "Da típica da pura faculdade de julgar prática". In: *Crítica da Razão Prática*, p. 82-85; BAAS. "O desejo puro – a propósito de 'Kant com Sade' de Lacan". In: *Falo*, p. 135-160.

vontade autônoma, livre. A máxima da ação empírica, para ser moral, deve poder "sustentar a prova da forma de uma lei universal"[217], da qual a lei da natureza em geral é o tipo. Essa lei da natureza fornece, assim, o tipo da lei moral: pergunta a ti mesmo, considerando a tua ação como devendo acontecer segundo uma lei da natureza da qual tu farias parte, se tu poderias vê-la possível para a tua vontade.

Seguindo essa lógica, é pertinente expor a leitura que Ângela faz da lei, dessa lei que determina universalmente a não punição dos doentes mentais pelos eventuais delitos cometidos. Evidencia-se que a mesma lei que a absolve e descaracteriza a sua responsabilidade pelo ato a expõe ao perigo que decorre da não punição dos outros, os quais se encontram na mesma condição, assim como expõe todo o corpo social, sem exceção, deixando-a à mercê do perigo estabelecido por uma impunidade desregrada. Nesse cântaro de onde insurge a "Bárbara-cena" – Kant com Ângela –, revela-se o perigo de uma singularidade permanentemente exposta ao real e, ao mesmo tempo, o perigo que comporta uma lei moral regida pela vontade livre universalizante.

O ato jurídico como operador clínico e favorecedor de novas ficções

É interessante marcar que essa possível via de subjetivação do código só foi dita minutos antes de sua ida ao fórum – morada da justiça –, onde se submetem os pacientes ao exame pericial. Daí se conclui que, para esse sujeito, o chamado da instância jurídica, diante da qual deve responder pelos atos cometidos, desempenha uma função fundamental: possibilitar que ficções jurídicas possam vir a ser construídas.

Concordando com J.-A Maleval, afirmamos que, ao que tudo indica, é melhor que o psicótico responda por seus atos diante da justiça do que se afronte com uma culpabilidade altamente destruidora em caso de desresponsabilização, uma vez que, nessas circunstâncias, o castigo rejeitado no simbólico tende a retornar no real[218]. Ademais, a absolvição, longe de aliviar o sujeito do peso de uma culpabilidade, tende a eternizá-la[219]. A própria Ângela nos mostra que os efeitos deletérios expressos

[217] KANT. "Da típica da pura faculdade de julgar prática". In: *Crítica da Razão Prática*, p. 83.

[218] MALEVAL. "Parricídio e foraclusão do Nome-do-Pai". In: *Curinga*, p. 91.

[219] MILLER. *Cause et consentement*. Aula do dia 15 de junho de1988.

nas atuações (uso de drogas, atos sexuais em público etc.) se agravaram após o pronunciamento do Juiz: *a senhora está absolvida do crime*. Esses atos não são completamente aleatórios; acontecem numa lógica precisa, que, como vimos, tende a fazer coincidir, no real, a lei anônima (que normatiza a absolvição dos atos delituosos dos doentes mentais) ao gozo desregrado. Portanto, acentuam-se quando não são ordenados por uma punição. Pelo menos da perspectiva da condução clínica, a chamada da justiça nos proporcionou, no caso Ângela, precisar uma direção do tratamento que até então não vislumbrávamos, a saber, uma possível localização da culpa: *mesmo que eu fique velha, eles vão me matar*. Embora o sujeito situe essa culpa no campo do Outro, isto é, ele a inverte, o que importa aí é que essa construção lhe permite adiar para o futuro, de forma assintótica, o temível encontro com a morte, abrindo, com isso, a possibilidade de que novas construções venham a ser efetivadas.

Nesse contexto, as constatações feitas por Lacan, ainda em sua tese de doutorado em medicina, não perderam, de forma alguma, sua pertinência. A propósito da responsabilidade penal de certos paranoicos, ele escreve:

> Seria oportuno ter critérios mais seguros que só podem ser fundados numa análise teórica da noção de responsabilidade. Sem tomar partido aqui sobre o assunto, diremos apenas que, em certos casos, e no atual estado das leis, a repressão penitenciária, aplicada com o benefício da atenuação máxima, parece-nos ter um valor terapêutico igual à profilaxia asilar, ao mesmo tempo em que assegura de maneira melhor não só o direito do indivíduo como também as responsabilidades da sociedade.[220]

Finalmente, fazemos nossos os termos de Lacan: "sem tomar partido aqui sobre o assunto". Antes, esperamos contribuir com as polêmicas discussões vigentes a respeito do tema em questão, pois, sabemos, seria impossível ter a pretensão de esgotá-lo. Mesmo assim, estamos aptos a concluir que, de alguma forma, o que as psicoses ensinam é que, por meio de ficções outras que não a do Nome-do-Pai, talvez seja realmente possível operar uma suplementaridade capaz de descompletar as figuras do gozo que alienam estruturalmente esses sujeitos.

[220] LACAN. *Da psicose paranoica em suas relações com a personalidade*, p. 278-279.

Entre a absolvição abarcada pelo termo inimputabilidade, tão nociva para alguns psicóticos, e a pena máxima, trata-se de construir uma pena sob medida para cada um, a partir de construções que levem em conta os elementos da singularidade, na captura do "real sem lei".

Conclusão

Tomemos aqui, agora, um caminho retrospectivo a fim de clarificar nossa hipótese e nossa proposta. Esperamos que, ao fim, ela abra novas passagens: uma outra paisagem, talvez.

Sendo assim, voltemos a Foucault. As práticas judiciárias da passagem do século XVIII para o século XIX forneceram o germe do modelo que viria marcar toda a nossa sociedade. Esse modelo pode ser caracterizado pelo afastamento, até certo ponto, do eixo que aponta para uma anterioridade, tida como universalidade da lei que ordena uma sociedade, a favor de uma espécie de individualização, um ajustamento no que concerne ao indivíduo, no nível de suas virtualidades, tendo como referente a norma.

Ao relativizar a lei soberana em nome de uma certa humanidade, o aparelho jurídico, a partir do que lhe foi imposto pelas práticas institucionais, teve que compartilhar a função de julgar com os saberes das ciências humanas – ideia fundamental no modelo de exame. Assistimos, então, à função do juiz abrir novo espaço, a fim de convocar outros saberes, isso porque o aparelho jurídico passou a necessitar de algo mais do que apenas o código que determina a infração e que estabelece, respectivamente, a punição. Aliada às novas formas de fabricação de justiça, a perícia psiquiátrica, usada como artefato para confecção das provas do crime, passou a fazer eco com o desenvolvimento das ciências humanas, constituindo um dispositivo que, além de falar pelo criminoso, fixava-o em classes operatórias (como a dos delinquentes, a dos doentes inimputáveis, a dos perigosos). Esse dispositivo passou a determinar, com isso, o grau de acometimento e de desvio de uma suposta "normalidade" do indivíduo. Por meio dessa leitura interativa entre os saberes médico, psicológico e jurídico, originou-se, então, toda uma série de patologização do crime. Como consequência, despontou um novo saber médico-legal que se propunha, e ainda se propõe, ao exame do criminoso, a fim de medir e representar, numa escala, a virtualidade de seu perigo.

Assistimos, então, ao declínio da antiga noção de responsabilidade fundada na liberdade, uma vez que essa noção sofreu uma profunda transformação. Pois a leitura interativa entre os saberes disciplinares teve como prioridade a avaliação de um risco que o indivíduo porta de reincidir no crime (periculosidade). Tal leitura comportava, ainda, em seu bojo, menos uma ideia de pena como punição pelo ato do que uma sanção terapêutica e uma defesa social. Solidificou-se, nesse contexto, a noção de "responsabilidade sem culpa", cuja essência é determinar, de imediato, como responsável aquilo que é causa e daí prever a reparação do dano. Dessa maneira, a punição revelou seu objetivo: diminuir o risco de perigo.

Assim, podemos concluir, por meio da desconstrução da ficção da norma e apoiados principalmente nos textos foucaultianos, que a visada psiquiátrica disciplinar assim como o Direito baseado na defesa social não deixaram de não suturar a noção de "responsabilidade sem culpa" à noção de periculosidade. Coube, ainda, à psiquiatria, por meio da ficção de uma "suposta normalidade natural", zelar pelas ficções que correlacionam o grau de "anormalidade" às escalas de perigo e daí fornecer elementos à instância jurídica para imputar a irresponsabilidade ao doente mental.

É pertinente, então, interrogar as consequências, em relação às subjetividades psicóticas, da isenção de responsabilidade pelo juízo universal prévio ao ato, contemplado pelo Direito. Partindo da narrativa apresentada no primeiro capítulo, marcamos a importância do resgate da função da lei para aquele sujeito que não a simboliza. Vale ressaltar que os pressupostos atuais acabam por presumir e por afirmar a periculosidade que atinge toda a sociedade.

É importante, ainda, destacar que, desde o início desta investigação, as formulações propostas situaram-se aquém da posição humanística universal expressa na máxima da igualdade de todos perante a lei, máxima que circunscreve a noção de cidadania. Antes, interpelou-se o Direito a partir da diferença radical dos modos singulares de apreensão e de entendimento que posicionam cada um perante a lei, levando-se em consideração a peculiaridade estrutural do sujeito psicótico.

Seguindo a nossa retrospectiva, o próximo passo foi resgatar a expressão "responsabilidade sem culpa" por meio de um contraponto aos saberes disciplinares. Tratava-se da visada psicanalítica, na qual a responsabilidade se desvincula da periculosidade. Os textos lacanianos nos permitiram correlacionar responsabilidade a assentimento subjetivo, e, dessa maneira, conforme indicado por Lacan, tornou-se possível não correlacioná-la ao sentimento de culpa.

Antes de extrair as possíveis conclusões sobre os limites da noção de assentimento subjetivo, tais como foram explorados por Lacan em momentos distintos de sua obra, coube precisar o ponto em que a psicanálise se destaca dos saberes disciplinares. De tal ponto, poderemos amarrar uma conclusão.

Vimos que o modelo utilitarista classificatório, do qual se serve a psiquiatria, visa adequar e fixar o indivíduo a uma representação. Acontece que, com tal gesto, a psiquiatria desconsidera todo o resto resistente à classificação. Concerne à psicanálise, em contraposição, desfazer essa unidade de representação, na qual se encontra identificado o sujeito. Por meio dessa operação, que visa à exposição da singularidade não classificável do sujeito, é possível extrair uma responsabilidade ética. Isto é, em oposição ao ideal normativo classificatório, a psicanálise não só considera um real impossível de ser representado, como também, a partir desse mesmo real, traça uma ética.

Quanto à posição foucaultiana, observamos que, embora Foucault inclua a psicanálise dentro do programa das ciências humanas ditas disciplinares, ao longo de sua obra é notável uma certa oscilação de leitura naquilo que tange ao discurso psicanalítico. É certo que os textos foucaultianos estudados ao longo desta pesquisa, preponderantemente, situam a psicanálise como um dispositivo inserido nas tramas da microfísica do poder – numa lógica de produção de saber sobre o objeto. Considerando que Foucault, no conjunto de sua obra, esforça-se em fazer uma "desconstrução da filosofia do sujeito" e que a psicanálise se pauta por uma ética cuja essência passa longe de uma "construção de saber sobre o objeto" (nos termos mesmos de Foucault), restaria uma questão a ser lapidada e aprofundada ulteriormente: haveria algum tangenciamento capaz de possibilitar um diálogo entre esse "sujeito a ser permanentemente desconstruído" de Foucault e o sujeito despersonificado de Lacan, sujeito esse que se apresenta como sujeito da ciência e, paradoxalmente, como responsável por sua posição?

No que concerne à responsabilidade do sujeito, Lacan a correlaciona ao assentimento. Em psicanálise, o ato de assentimento não se afirma por um signo de aceitação do eu, mas sim de forma indireta e inconsciente.

Lacan propõe essa correlação em dois momentos distintos de sua obra. O primeiro encontra-se no texto sobre criminologia, de 1950. Nesse texto, o psicanalista francês privilegia a instância do simbólico em detrimento do real, portanto o assentimento que opera aí se dá na vertente do *consensus*. A vertente do assentimento encerraria, justamente, o nó em que a normatividade social e a responsabilidade do sujeito se encontram. Lacan retomará esse termo em "A ciência e a verdade", de 1966. Nesse segundo momento, o privilégio da leitura lacaniana recai sobre aquilo que escapa ao simbólico: o real.

Como vimos, por intermédio da criação do *tópos* da "causa", Lacan correlaciona a responsabilidade do sujeito, qual seja, sua emergência como resposta – o assentimento ou a recusa subjetiva –, aos dois níveis que se situam como "causa": a determinação da cadeia significante e o objeto (a). Sendo esse último um semblante, não deve ser confundido nem com o gozo, nem com o real (ou seja, tomado enquanto substância). Sua função específica é complementar, no hiato forjado pelo *tópos* da "causa", a referência negativa do sujeito. O estatuto da "causa", em psicanálise, é suplementar, e instaura uma descontinuidade na determinação. Assim, do lado do sujeito, temos o assentimento; do lado da causalidade, temos a determinação significante e o real da pulsão. Esclarece-se, com isso, que o sujeito não é causa da estrutura, é o excedente pulsional (gozo) que a elege.

Com J.-A. Miller, correlacionamos o assentimento subjetivo à *Bejahung* primordial. Para Lacan, a *Bejahung* encerraria a possibilidade de simbolização. Dessa maneira, no nível da *Bejahung* primordial, encontra-se articulado não só o gozo mas também o assentimento.

Vimos também que Freud concebe o sujeito (*Ich*) prévio às negações decorrentes da *Bejahung* primordial, as quais são consideradas por ele como mecanismos de defesa do *Ich*. Lacan, em contraposição, opera uma inversão e elabora a noção de um sujeito constituído pelas próprias negações, considerando-as como estratégias do sujeito, situadas no ponto de sua emergência. Foi justamente essa inversão que permitiu a Lacan falar, paradoxalmente, em responsabilidade, na medida em que o sujeito emerge como resposta.

No *tópos* da "causa", ocorre a conexão do gozo com os modos de "sim". A responsabilidade do sujeito comporta tanto o assentimento quanto a recusa. Conclui-se, então, que a existência do sujeito é determinada apenas por um dizer "sim" ou "não". E ambas as respostas se relacionam à função paterna. Portanto, fica descartada a ideia de inexistência do sujeito na psicose.

Dessa forma, a responsabilidade na psicose está condicionada à construção de uma resposta fundada na recusa primordial à função paterna. Resposta essa que selaria um reconhecimento da "causa", que anteriormente não adquiriu valor de existência para o sujeito e que se faz "ex-sistir" de fora, no real. Todavia, segundo J.-A. Miller, por meio do delírio, pode-se obter um "sim" na psicose. Nos termos de Lacan, esse "sim" consentido mais tarde seria o reconhecimento do Outro, daquilo que não adquiriu o estatuto de existência para o sujeito, ou ainda: o "reconhecimento da verdade", ou a própria operação de transformação, via operação significante do real do gozo como verdadeiro.

Embora J.-A. Miller não diferencie os termos assentimento e consentimento, situando-os no nível da *Bejahung* primordial e empregando-os indistintamente, propomos distingui-los, já que nos parece serem bastante distintas as operações que regem os momentos de aceitação. Sendo assim, por assentimento, entenda-se a operação estabelecida na *Bejahung* primordial. E, por consentimento, entendam-se os modos de "sim", do reconhecimento da verdade acordados mais tarde.

Tivemos a oportunidade de explicitar os desígnios da função paterna em dois momentos distintos da obra de Lacan, correlacionando-os ao caso fictício em estudo. Num primeiro tempo, vimos que o assentimento ou a recusa à função paterna, nos primórdios da constituição subjetiva, determinaria respectivamente as estruturas clínicas: neurose ou psicose. Dessa perspectiva, a psicose é pensada a partir do modelo da neurose e advém como déficit em relação à segunda. O mecanismo da *Verwerfung*, ou forclusão do significante Nome-do-Pai, determina a estrutura psicótica. Essa posição encerra o que Lacan – n'*O Seminário 5:* as formações do inconsciente – designou por "exposição desmedida à caprichosa lei materna". Essa lei caprichosa equivale ao automatismo de uma regra anônima, a qual, sem a mediação do vetor do Nome-do-Pai, não passaria de uma vontade imprevisível jamais simbolizada como lei. É por isto que Lacan fará equivaler o gozo desregrado do capricho materno ao imperativo categórico kantiano. Trata-se, nesse imperativo, de um algoritmo universal que propõe um funcionamento de forma automática. Constatamos, no testemunho de Ângela, várias passagens que evidenciam o caráter absoluto da junção entre lei e gozo na psicose, cujo corolário é a própria passagem ao ato.

Observando a "Bárbara-cena", assistimos à coincidência do gozo e da lei caprichosa no real, no instante em que o sujeito marca a sua saída da cena. Lemos aí uma tentativa em ato que visa instaurar um corte pacificador e operar a separação do excesso de gozo. Concluímos, então, que a lei instaurada pela função paterna é correlativa a uma perda de gozo. E, para operar essa perda, um sacrifício se impõe. Nesse caso, o sacrifício é o assassinato.

Quanto à responsabilidade na psicose, essa se afirma na medida em que o sujeito surge como resposta àquilo que, no real, não adquiriu um valor de existência para ele. Portanto, o reconhecimento do ato como próprio, ou o retorno do sujeito à cena, está intimamente ligado a um outro sacrifício: o consentimento às ficções jurídicas. Ao que tudo indica, por meio dessas ficções, talvez seja realmente possível operar uma suplementaridade, possibilitando assim, a delimitação do campo de realidade do sujeito.

O caso Ângela nos ensina que, por meio do consentimento à punição, podemos pôr a prova o arcabouço teórico da psicanálise. Assim, partindo do sujeito que adveio não só como resposta aos códigos das leis mas também como resposta ao que se apresenta como fora da lei, no real, podemos articular os dois momentos distintos da concepção de assentimento em Lacan e, com isso, criar uma nova ficção de responsabilidade na psicose.

Primeiramente, temos o consentimento ao sacrifício da punição, que somente se tornou possível, na narrativa de Ângela, após sua mãe ter consentido à punição sentenciada pelo juiz. Como vimos, tal como acontece na lógica sacrificatória, para operar uma metamorfose, ambas as partes devem consentir ao sacrifício. Daí, podemos extrair uma conclusão: ao que tudo indica, a operação de consentimento exige dois tempos: um do sujeito e outro do Outro.

Enfim, vislumbramos o consentimento do sujeito a uma possível ficção, a partir do ponto do real que faz coincidir o cumprimento da lei universal e a satisfação do gozo não regulamentado, expresso na certeza de sua não punição. Neste, a mensagem homicida de Ângela é endereçada, paradoxalmente invertida, ao Código Penal. E é ratificada no ponto em que esse Código estabelece a não punição dos doentes mentais pelos seus eventuais delitos. Temendo ser morta após a desinternação, Ângela dirá: *Tenho tios alcoólatra e doente mental que não seriam punidos se me matassem*. Dessa forma, Ângela denuncia que a norma jurídica que estabelece a não punição de seus atos, assim como dos outros em semelhantes condições, longe de protegê-la, a expõe permanentemente às intempéries do real desregrado.

Podemos ler ainda, nessa denúncia, o movimento de uma universalização insuportável, o mesmo que se encontra na "Típica" da razão prática kantiana. Assim, o perigo de uma singularidade permanentemente exposta ao real, submetida à máxima da ação empírica, indicará que todo o corpo social, universalmente, se encontra à mercê do perigo, fruto dessa impunidade desregrada.

Caberia, a partir dos elementos fornecidos por este estudo, defender a indicação da punição universalizante – pena a ser aplicada a todo doente mental infrator – em oposição à norma jurídica atual que estabelece a absolvição abarcada pelo termo "inimputabilidade"? Certamente, não é disso que se trata. Pois, como vimos, trata-se de construir, levando em conta as ficções singulares, uma pena sob medida para cada sujeito. Talvez, essas ficções singulares sejam acampadas na ideia de "criação do *seu* imperativo categórico", da qual nos fala Nietzsche:

> Uma palavra mais contra Kant, como moralista. Deve a virtude ser nossa criação, nossa defesa e nossa necessidade mais pessoal: tomada em qualquer outro sentido, não passa de uma armadilha. O que não é uma condição vital é prejudicial à vida: uma virtude que provém simplesmente de um sentimento de respeito perante a

> noção de "virtude", como pretendia Kant, é perigosa. A "virtude", o "dever", o "bem em si", o bem como o caráter da impessoalidade e da generosidade – quimeras em que se exprime a decadência, a agonia final da vida, a astúcia de Königsberg[221]. É precisamente o inverso que ordenam as mais profundas leis da conservação e do crescimento: que cada um crie a sua própria virtude, o seu imperativo categórico.[222]

Assim, ao término desta jornada, deixemos as palavras de Nietzsche ressoarem. Não foi, talvez, por acaso que esse genial-genioso nos propôs uma ética que contemple a singularidade de uma criação ordenadora. Tal como a possibilidade de criação de ficções jurídicas passíveis de operar uma suplementação, a indicação "que cada um crie a sua própria virtude, o seu imperativo categórico" parece convergir com o discurso psicanalítico, no estrito ponto em que esse discurso visa encontrar modos singulares para lidar com o que é fora da lei. Ou, escrevendo em termos lacanianos: "o que não cessa de não se escrever".

[221] Cidade da Prússia onde Kant nasceu e passou toda a sua vida. Por isso, também é conhecido como "filósofo de Köenizsberg".

[222] NIETZSCHE. *O Anticristo*, p. 44-45.

Anexos

Anexo 1

Código Penal Brasileiro
(Modificado pela lei 7.209, de 11 de julho de 1984)

Da imputabilidade penal

Art. 26. É isento de pena o agente que, por doença mental ou desenvolvimento mental incompleto ou retardado, era, ao tempo da ação ou da omissão, inteiramente incapaz de entender o caráter ilícito do fato ou de determinar-se de acordo com esse entendimento.

Parágrafo único. A pena pode ser reduzida de um a dois terços, se o agente, em virtude de perturbação de saúde mental ou por desenvolvimento mental incompleto ou retardado, não era inteiramente capaz de entender o caráter ilícito do fato ou de determinar-se de acordo com esse entendimento.

Das medidas de segurança

Art. 96. As medidas de segurança são:

- internação em hospital de custódia e tratamento psiquiátrico ou, à falta, em outro estabelecimento adequado; sujeição a tratamento ambulatorial.

Parágrafo único. Extinta a punibilidade, não se impõe medida de segurança nem subsiste a que tenha sido imposta.

Art. 97. Se o agente for inimputável, o juiz determinará sua internação (art. 26). Se, todavia, o fato previsto como crime punível com detenção, poderá o juiz submetê-lo a tratamento ambulatorial.

§ 1º A internação, ou tratamento ambulatorial, será por tempo indeterminado, perdurando enquanto não for averiguada, mediante perícia médica, a cessação da periculosidade. O prazo mínimo deverá ser de um a três anos.

§ 2° A perícia médica realizar-se-á ao termo do prazo mínimo fixado e deverá ser repetida de ano em ano, ou a qualquer tempo, se o determinar o juiz da execução.

§ 3° A desinternação, ou a liberação, será sempre condicional devendo ser restabelecida a situação anterior se o agente, antes do decurso de um ano, pratica fato indicativo de persistência de sua periculosidade.

§ 4° Em qualquer fase do tratamento ambulatorial, poderá o juiz determinar a internação do agente, se essa providência for necessária para fins curativos.

Art. 98. Na hipótese do parágrafo único do artigo 26 deste Código e necessitando o condenado de especial tratamento curativo, a pena privativa de liberdade pode ser substituída pela internação, ou tratamento ambulatorial, pelo prazo mínimo de um a três anos, nos termos do artigo anterior e respectivos.

§§ 1° à 4°

Art. 99. O internado será recolhido a estabelecimento dotado de características e será submetido a tratamento.

Anexo 2

Um problema de lógica[223]

O diretor do presídio faz comparecerem três detentos escolhidos e lhes comunica o seguinte:

"Por razões que não lhes tenho de relatar agora, devo libertar um de vocês. Para decidir qual, entrego a sorte a uma prova pela qual terão de passar, se estiverem de acordo.

"Vocês são três aqui presentes. Aqui estão cinco discos que só diferem por sua cor: três são brancos e dois são pretos. Sem dar a conhecer qual deles terei escolhido. Prenderei em cada um de vocês um desses discos nas costas, isto é, fora do alcance direto do olhar; qualquer possibilidade indireta de atingi-lo pela visão estando igualmente excluída pela ausência aqui de qualquer meio de se mirar.

"A partir daí, estarão à vontade para examinar seus companheiros e os discos de que cada um deles se mostrará portador sem que lhes seja permitido, naturalmente, comunicar uns aos outros o resultado da inspeção. O que, aliás, o simples interesse de vocês os impediria de fazer. Pois o primeiro que puder deduzir sua própria cor é quem deverá se beneficiar da medida liberatória de que dispomos.

"Será preciso ainda que sua conclusão seja fundamentada em motivos de lógicas, e não apenas de probabilidade. Para esse fim, fica convencionado que, tão logo um de vocês esteja pronto a formulá-la, ele transporá esta porta, a fim de que, chamado à parte, seja julgado por sua resposta".

Aceita essa proposta, cada um de nossos três sujeitos é adornado com um disco branco, sem se utilizarem os pretos, dos quais se dispunham, convém lembrar, apenas em número de dois.

Como podem os sujeitos resolver o problema?

[223] Cf. LACAN. "O tempo lógico e a asserção de certeza antecipada". In: *Escritos*, p. 197-198.

A solução perfeita

Depois de se haverem considerado entre si por um certo tempo, os três sujeitos dão juntos alguns passos, que os levam simultaneamente a cruzar a porta. Em separado, cada um fornece então uma resposta semelhante, que se exprime assim:

"Sou branco, e eis como sei disso. Dado que meus companheiros eram brancos, achei que, se eu fosse preto, cada um deles poderia ter inferido o seguinte: 'Se eu também fosse preto, o outro, devendo reconhecer imediatamente que era branco, teria saído na mesma hora, logo, não sou preto'. E os dois teriam saído juntos, convencidos de ser brancos. Se não estavam fazendo nada, é que eu era branco como eles. Ao que saí porta afora, para dar a conhecer minha conclusão".

Foi assim que todos três saíram simultaneamente, seguros das mesmas razões de concluir.

Referências bibliográficas

Obras de Sigmund Freud

FREUD, S. Rascunho K: as neuroses de defesa (um conto de fadas natalino). In: *Publicações pré-psicanalíticas e esboços inéditos.* Rio de Janeiro: Imago, 1976. p. 307-317. (Edição standard brasileira das obras psicológicas completas de Sigmund Freud, 1).

FREUD, S. A psicanálise e a determinação dos fatos nos processos jurídicos. In: *Delírios e sonhos na "Gradiva" de Jensen.* Rio de Janeiro: Imago, 1969. p. 101-115. (Edição standard brasileira das obras psicológicas completas de Sigmund Freud, 9).

FREUD, S. Formulações sobre os dois princípios do funcionamento mental. In: *O caso Schreber e artigos sobre técnica.* Rio de Janeiro: Imago, 1976. p. 273-288. (Edição standard brasileira das obras psicológicas completas de Sigmund Freud, 12).

FREUD, S. Alguns tipos de caráter encontrados no trabalho analítico: criminosos em conseqüência de um sentimento de culpa. In: *A história do movimento psicanalítico.* Rio de Janeiro: Imago, 1976. P .375-377. (Edição standard brasileira das obras psicológicas completas de Sigmund Freud, 14).

FREUD, S. Neurose e psicose. In: *O ego e o id.* Rio de Janeiro: Imago, 1976. p. 187-196. (Edição standard brasileira das obras psicológicas completas de Sigmund Freud, 19).

FREUD, S. A perda da realidade na neurose e na psicose. In: *O ego e o id.* Rio de Janeiro: Imago, 1976. p. 227-236. (Edição standard brasileira das obras psicológicas completas de Sigmund Freud, 19).

FREUD, S. A Negativa. In: *O ego e o id.* Rio de Janeiro: Imago, 1976. p. 293-302. (Edição standard brasileira das obras psicológicas completas de Sigmund Freud, 19).

FREUD, S. O parecer do perito no caso Halsmann. In: *O futuro de uma ilusão.* Rio de Janeiro: Imago, 1976. p. 287-290. (Edição standard brasileira das obras psicológicas completas de Sigmund Freud, 21).

FREUD, S. A questão de uma *Weltanschauung.* In: *Novas conferências introdutórias sobre psicanálise e outros trabalhos.* Rio de Janeiro: Imago, 1976. p. 193-220. (Edição standard brasileira das obras psicológicas completas de Sigmund Freud, 22).

Obras de Jacques Lacan

LACAN, J. Introdução teórica às funções da psicanálise em criminologia. In: *Escritos*. Tradução de Vera Ribeiro. Rio de Janeiro: Jorge Zahar, 1998. p. 127-151.

LACAN, J. O estádio do espelho como formador da função do eu. In: *Escritos*. Tradução de Vera Ribeiro. Rio de Janeiro: Jorge Zahar, 1998. p. 96-103.

LACAN, J. Formulações sobre a causalidade psíquica. In: *Escritos*. Tradução de Vera Ribeiro. Rio de Janeiro: Jorge Zahar, 1998. p. 152-196.

LACAN, J. O tempo lógico e a asserção de certeza antecipada. In: *Escritos*. Tradução de Vera Ribeiro. Rio de Janeiro: Jorge Zahar, 1998. p. 197-213.

LACAN, J. Resposta ao comentário de Jean Hyppolite sobre a "*Verneinung*" de Freud. In: *Escritos*. Tradução de Vera Ribeiro. Rio de Janeiro: Jorge Zahar, 1998. p. 383-401.

LACAN, J. A instância da letra no inconsciente ou a razão desde Freud. In: *Escritos*. Tradução de Vera Ribeiro. Rio de Janeiro: Jorge Zahar, 1998. p. 496-533._

LACAN, J. De uma questão preliminar a todo tratamento possível da psicose. In: *Escritos*. Tradução de Vera Ribeiro. Rio de Janeiro: Jorge Zahar, 1998. p. 537-590._

LACAN, J. Kant com Sade. In: *Escritos*. Tradução de Vera Ribeiro. Rio de Janeiro: Jorge Zahar, 1998. p. 776-803._

LACAN, J. Subversão do sujeito e dialética do desejo no inconsciente freudiano. In: *Escritos*. Tradução de Vera Ribeiro. Rio de Janeiro: Jorge Zahar, 1998. p. 807-864.

LACAN, J. A ciência e a verdade. In: *Escritos*. Tradução de Vera Ribeiro. Rio de Janeiro: Jorge Zahar, 1998. p. 869-892.

LACAN, J. *Da psicose paranóica em suas relações com a personalidade*. Tradução de Aluísio Menezes, Márcio Antônio Coutinho, Jorge Potiguara M. da Silveira Jr. Rio de Janeiro: Forense-Universitária, 1987.

LACAN, J. Apresentação da tradução francesa das memórias do presidente Schreber. Tradução de Antônio Quinet de Andrade. *Falo, Revista Brasileira do Campo Freudiano*, n. 1, p. 21-23, 1987.

LACAN, J. *Petit discours aux psychiatres*. Paris: [s.n] 1966, 32 p. Fotocopiado.

LACAN, J. *O Seminário. Livro 3:* as psicoses (1955-1956). Texto estabelecido por Jacques-Alain Miller. Versão brasileira de Aluísio de Menezes. Rio de Janeiro: Jorge Zahar, 1985.

LACAN, J. *O Seminário. Livro 5:* as formações do inconsciente (1957-1958). Texto estabelecido por Jacques-Alain Miller. Versão brasileira de Aluísio de Menezes. Rio de Janeiro: Jorge Zahar, 1999.

LACAN, J. *O Seminário. Livro 7:* a ética da psicanálise (1959-1960). Texto estabelecido por Jacques-Alain Miller. Versão brasileira de Antônio Quinet. Rio de Janeiro: Jorge Zahar, 1988.

LACAN, J. *O seminário. Livro 11:* os quatro conceitos fundamentais da psicanálise (1964/1985). 2. ed. Texto estabelecido por Jacques-Alain Miller. Versão brasileira de M. D. Magno. Rio de Janeiro: Jorge Zahar, 1985.

LACAN, J. *O Seminário. Livro 20*: mais, ainda (1972-1973). 2. ed. Texto estabelecido por Jacques-Alain Miller. Versão brasileira de M. D. Magno. Rio de Janeiro: Jorge Zahar, 1985.

LACAN, J. *Lê Séminaire. Livre XX*: encore (1972-1973). Texte établi par Jacques-Alain Miller. Paris: Seuil, 1975.

LACAN, J. *Les noms du père. Le Seminaire* (1963). Única lição proferida em novembro de 1963. [s.n.t] Inédito.

LACAN, J. *De um discurso que não seria do semblante* (1971). Tradução de Letícia Patriota da Fonseca; Maria de Fátima Belo (resp.). Publicação interna da Associação Freudiana Internacional. Recife: Centro de Estudos Freudianos de Recife, 1996. Inédito.

LACAN, J. *R.S.I. Le Séminaire* (1974-1975). [s.n.t]. Inédito. Fotocopiado.

Referências teóricas sobre o tema na psicanálise

ABRECAMPOS, REVISTA DE SAÚDE MENTAL DO INSTITUTO RAUL SOARES. Psicanálise e Instituição: a segunda clínica de Lacan. Belo Horizonte, ano 1, n. 1, jan./dez. 2000. 93 p.

ALVARENGA, E. O sujeito psicótico e a lei. In.: *Curinga*, Escola Brasileira de Psicanálise, Belo Horizonte, n. 17, p. 62-71, nov. 2001.

BAAS, B. O desejo puro – a propósito de "Kant com Sade" de Lacan. Tradução de Sérgio Laia. *Falo*, Revista Brasileira do Campo freudiano, [s.n], n. 4-5, p. 135-160, jan-dez. 1989.

BARROS, F. O. *O ato jurídico como um operador clínico na psicose*. Belo Horizonte, [s.n.], 2001. Mimeografado.

BARROS, F. O. *Do direito ao pai*: sobre a paternidade no ordenamento jurídico. 1999. 112 f. Dissertação (Mestrado em Psicologia Social) – Faculdade de Filosofia e Ciências Humanas, Universidade Federal de Minas Gerais, Belo Horizonte.

CHEIB, A. H. S. *Inimputabilidade e loucura*: conseqüências clínicas da inimputabilidade sobre o sujeito psicótico. 1998. 102 f. Dissertação (Mestrado em Psicologia Social) – Faculdade de Filosofia e Ciências Humanas, Universidade Federal de Minas Gerais, Belo Horizonte.

COSTA, V. *O psicótico infrator no Instituto Raul Soares:* intervenç*ões clínicas possíveis. 2000. 70 f.* Monografia (Especialização em Psicologia Jurídica) – Centro Universitário Newton de Paiva, Belo Horizonte.

DIDIER-WEILL, A. *Os três tempos da lei*: o mandamento siderante, a injunção do supereu e a invocação musical. Rio de Janeiro: Jorge Zahar, 1997. (Transmissão da Psicanálise, 55)

DUTRA, M. C. B. *As relações entre psicose e periculosidade*: contribuições clínicas da concepção psicanalítica da passagem ao ato. 1999. 107 f. Dissertação (Mestrado em Psicologia Social) – Faculdade de Filosofia e Ciências Humanas, Universidade Federal de Minas Gerais, Belo Horizonte.

FREIRE, A.; FERNANDES, F.; SOUZA, N. *A ciência e a verdade*: um comentário. Rio de Janeiro: Revinter, 1996. (Coleção Freudiana)

GARCIA, C. A lei e a norma. *Curinga*, Escola Brasileira de Psicanálise, Belo Horizonte, n. 17, p. 10-19, nov. 2001.

GARCIA, C. *Imputabilidade e responsabilidade*. Belo Horizonte: [s.n], 2001. Mimeografado.

GARCÍA, G. Jacques Lacan y la criminologia. *Fundación Etiem*, Publicación de Psicoanalisis y Psiquiatría, n. 1, p. 29-35, 1995.

LAURENT, E. Conferências de Eric Laurent. *Curinga*, Escola Brasileira de Psicanálise, Belo Horizonte, n. 14, p. 151-187, abr. 2000.

LAURENT, E. Estratificação clínica da lei. *Curinga,* Escola Brasileira de Psicanálise, Belo Horizonte, n.15-16, p.200-205, abr. 2001.

LAVIGNE, J. A. IV Seminario de texto: "De una cuestión preliminar a todo tratamiento posible de la psicosis". Intervención – Discusión. *Cuadernos Colegio Freudiano de Córdoba,* [s.n.t.], p. 7-38.

LEGENDRE, P. Entretien. *Le Monde,* Paris, 22 out. 2001.

LEGENDRE, P. *Le crime du caporal Lortie*: traité sur le père. Paris: Fayard, 1989.

MALEVAL, J.C. Logique du meurtre immotivé. In: *Psychose naissante, psychose unique?* Ouvrage collectif sous la direction du Dr. H. Grivois. Paris: Masson, 1991. p. 43-67.

MALEVAL, J. C. Parricídio e foraclusão do Nome-do-Pai. *Curinga,* Escola Brasileira de Psicanálise, Belo Horizonte, n.17, p. 72-95, nov. 2001.

MANDIL, R. Discurso analítico e discurso jurídico. In: *Jornada da Escola Brasileira de Psicanálise – MG – A lei e o fora da lei,* 7., 2001, Belo Horizonte. Comunicação oral.

MILLER, J.-A. *Cause et consentement.* Cours de Jacques-Alain Miller, 1987-1988. 653 p. Mimeografado. Inédito.

MILLER, J.-A. Saúde Mental e ordem pública. *Curinga,* Escola Brasileira de Psicanálise, Belo Horizonte, n.13, p.b20-31, set. 1999.

MILLER, J.-A. Patologia da ética. Palestras de J. A. Miller no Brasil, jul. 1989. In: *Lacan elucidado.* Rio de Janeiro: Jorge Zahar editor, 1997. p. 329-386.

MILLER, J.-A. *Perspectivas do seminário 5 de Lacan.* Rio de Janeiro: Jorge Zahar Editor, 1999.

MILLER, J.-A. Clínica irônica. In: *Matemas l.* Rio de Janeiro: Jorge Zahar, 1996. p. 190-200.

MILLER, J.-A. A psicose no texto de Lacan. *Curinga,* Escola Brasileira de Psicanálise, Belo Horizonte, n.13, p.92-101, set. 1999.

MILNER, J. -C. *Les noms indistincts.* Paris: Seuil, 1983.

MORELLI, A. Responsabilidade: medida do homem, questão para o sujeito. In: *Curinga,* Escola Brasileira de Psicanálise, Belo Horizonte, n.17, p.152-161, nov. 2001.

PALOMERA, V. Demanda social y acto criminal en la psicosis. *Rev. Etiem – Caracterologia,* Buenos Aires, n. 2, p. 37-41, 1996.

PATOUX-GUERBER, C. Juizes para salvar o pai? *Curinga*, Escola Brasileira de Psicanálise, Belo Horizonte, n. 17, p. 96-105, nov. 200I.

PORGE, E. *Os nomes do pai em Jacques Lacan, pontuações e problemáticas.* Rio de Janeiro: Companhia de Freud, 1998.

RABINOVITCH, S. *A foraclusão: presos do lado de fora.* Rio de Janeiro: Jorge Zahar, 2001

SALUM, M. *A psicanálise e a lei*: uma abordagem das relações entre o crime e o castigo. 2001. 93 f. Dissertação (Mestrado em Estudos Psicanalíticos) - Departamento de Psicologia, Faculdade de Filosofia e Ciências Humanas, Universidade Federal de Minas Gerais, Belo Horizonte.

SEGUI, L. Violência, culpa, responsabilidad. *Fundación Etiem - Publicación de psicoanalisis y psiquiatria*, Buenos Aires, n. 2, p. 43-52, 1996.

SOUTO, S. O desejo da mãe e os caprichos da lei. In: *Jornada da Escola Brasileira de Psicanálise - MG - A lei e o fora da lei*, 7., 2001, Belo Horizonte. Comunicação oral.

TEIXEIRA, A. *O topos ético da psicanálise.* Porto Alegre: Edipucrs, 1999.

TEIXEIRA, A. Forclusão generalizada: como é possível não ser louco? *Curinga,* Escola Brasileira de Psicanálise, Belo Horizonte, n.14, p. 60-65, abr. 2000.

TEIXEIRA, A. A questão do diagnóstico na psiquiatria e na psicanálise. In: FHEMIG, Centro Científico Cultural Rodrigo Teixeira Salles, Hospital Galba Veloso, 1999, Belo horizonte. Conferência inédita.

TEIXEIRA, A. Do bom uso da besteira na experiência analítica. *Ágora*, Rio de Janeiro, v. V, n. 2, p. 271-293, jul./dez. 2002.

TENDLARZ, S. E. Guiraud: la immotivación del homicídio en la psicosis. *Rev. Etiem- Caracterologia*, Buenos Aires, n. 1, p. 79-86, 1995.

VIGANÓ, C. A construção do caso clínico em Saúde Mental. *Curinga,* Escola Brasileira de Psicanálise, Belo Horizonte, n.13, p. 50-59, set. 1999.

VORUZ, V. Les impasses du texte de loi. *Mental, Revue Internationale de Santé Mentale et Psychanalyse Appliqueé*, Paris, n. 8, p. 15-28, sept. 2000.

ZENONI, A. Qual instituição para o sujeito psicótico?. *Abrecampos, Revista de Saúde Mental do Instituto Raul Soares*, Belo Horizonte, ano 1, n. 1, p. 12-31, jan./dez. 2000.

Referências teóricas sobre o tema em áreas de conexão com a psicanálise

ALTHUSSER, L. *O futuro dura muito tempo.* São Paulo: Companhia das Letras, 1992.

ÁNGEL, E; NEWMAN, J. *Prova de Gödel.* São Paulo: Perspectiva/Ed. USP, 1973. (Debates, 75).

BADIOU, A. *O ser e o evento.* Rio de Janeiro: Jorge Zahar/Ed. UFRJ, 1996.

BADIOU, A. Lacan – a antifilosofia e o real como ato. *Letra freudiana.* Rio de Janeiro, n. 22, p. 3-26, ano XVI, 1997.

BENTHAM, J. *Uma introdução aos princípios da moral e da legislação.* 2. ed. São Paulo: Abril Cultural, 1979. (Os Pensadores).

BENTHAM, J. O Panóptico ou a casa de inspeção. In: SILVA, T. T. (org.). *O Panóptico ou a casa de inspeção.* Belo Horizonte: Autêntica, 1989. p. 11-74.

BERCHERIE, P. *Os fundamentos da clínica*: história e estrutura do saber psiquiátrico. Rio de Janeiro: Jorge Zahar, 1989.

BIRMAN, J. *Entre cuidado e saber de si:* sobre Foucault e a psicanálise. Rio de Janeiro: Relume Dumará, 2000.

CANGUILHEM, G. *O normal e o patológico.* 3. ed. Rio de Janeiro: Forense Universitária, 1990.

CARVALHO, F. Z. F. *O fim da cadeia de razões*: Wittgenstein, crítico de Freud. 1999. 147 f. Dissertação (Mestrado em Filosofia) – Faculdade de Filosofia e Ciências Humanas, Universidade Federal de Minas Gerais, Belo Horizonte.

DELGADO, P. *As razões da tutela.* Rio de Janeiro: Te Corá, 1992.

DESCARTES, R. Meditações. In: *Descartes.* São Paulo: Nova Cultural, 1999. (Os Pensadores)

EWALD, F. *Foucault, a norma e o direito.* Lisboa: Vega, 1993.

FOUCAULT, M. *História da loucura*. 2. ed.. São Paulo: Perspectiva, 1987.

FOUCAULT, M. *Vigiar e punir*: história da violência nas prisões. 10. ed. Petrópolis: Vozes, 1993.

FOUCAULT, M. *Microfísica do poder.* 15. ed. Rio de Janeiro: Graal, 2000.

FOUCAULT, M. *Eu, Pierre Rivière, que degolei minha mãe, minha irmã e meu irmão.* 5. ed. Rio de Janeiro: Graal, 1991.

FOUCAULT, M. *História da sexualidade I:* a vontade de saber. 14. ed. Rio de Janeiro: Graal, 1988.

FOUCAULT, M. *A verdade e as formas jurídicas.* Rio de Janeiro: Nau, 1996.

FOUCAULT, M. L'évolution de la notion d'«individu dangereux» dans la psychiatrie légale du XIXe. siècle. In: *Dits et écrits.* Paris: Galimard, 1994. p. 443- 464.

FOUCAULT, M. Resposta a Derrida. In: *Problematização do sujeito:* psicologia e psicanálise. Rio de Janeiro: Forense Universitária, 1999. p. 243-257. (Coleção Ditos e Escritos, 1)

JOURNAL FRANÇAIS DE PSYCHIATRIE Faut-il juger et punir les malades mentaux criminels? Paris: Érès, n. 13, 4e. trimestre, 2000. 56 p.

KANT, I. *Crítica da Razão Prática.* Lisboa: Edições 70, 1984.

LOBOSQUE, A. M. *Responsabilidade e loucura: possibilidade fundamental, eventual impasse.* Belo Horizonte, 1997. Mimeografado.

MALINOWSKI, B. *Argonautas do Pacífico Ocidental.* 2. ed. São Paulo: Victor Civita Editor, 1978.

MARI, E. La teoria de las ficciones en Jeremy Bentham. In: LEGENDRE, P. et al. *Derecho y psicoanalisis*: teoria de las ficciones y función dogmática. Buenos Aires: Hachette, [s.d.].

MILLER, J.-A. A máquina panóptica de Jeremy Bentham. In: SILVA, T. T. (org.). *O Panóptico ou a casa de inspeção.* Belo Horizonte: Autêntica, 1989. p. 75-108.

NEWMAN, J. H. Grammaire de l'assentiment. In: *Oeuvres Philosophiques de Newman.* Paris: Aubier, 1945.

NIETZSCHE, F. *A genealogia da moral.* Rio de Janeiro: Tecnoprint, 1978.

NIETZSCHE, F. *O Anticristo*. São Paulo: Martin Claret, 2002.

RATIER, F. Le Cardinal Newman et la carte de l'assentiment: une référence de Jacques Lacan. *Quarto*, Revue de l'ÉCF-ACF, Belgique, no. 64, p. 46-49, [s.d.].

SILVA, C. M. *O louco, dito irresponsável, no Código Penal*. Juiz de Fora, [s.n.t], 1997. Mimeografado.

Referência sobre o tema na literatura

SHAKESPEARE, W. *Hamlet*. Tradução de Pietro Nassetti. São Paulo: Martin Claret, 2002.

Dicionários consultados

ABBAGNANO, N. *Dicionário de filosofia*. 4. ed. São Paulo: Martins Fontes, 2000.

HOUAISS, A. *Dicionário Houaiss da língua portuguesa*. Rio de Janeiro: Objetiva, 2001.

LALANDE, A. *Vocabulário técnico e crítico da filosofia*. 3. ed. São Paulo: Martins Fontes, 1999.

ROBERT. *Dictionnaire du français primordial*. Paris: Dictionnaires Le Robert, 1986. Tomes I et II.

Bíblia

BIBLIA sagrada. Tradução dos originais mediante a versão dos Monges de Maredsous, Bélgica, pelo Centro Bíblico Católico. 34. ed. São Paulo: Editora Ave- Maria, 1982.

Filmes

CORAÇÃO satânico. Direção: Alan Parker. Produção: Alan Marshall; Elliot Kastener. Produção executiva: Mario Kassar. Direção de fotografia: Michael Seresin. Música: Irevos Jones. São Paulo: Flas Star

Home Vídeo – Brasil c1987. 1 DVD (112 min.), son., color., legendado. Tradução de Angel Heart.

O JULGAMENTO de Nuremberg. Direção: Yves Simoneau. Direção de fotografia: Alain Dastie. Música: Richard Grégoire. Productions Inc. e Aliance Atlantic Company – Nuremberg c2000. 1 DVD (169 min.), son., color., legendado. Baseado no livro *Nuremberg: Infamy on trial*, de Joseph E. Pérsico. Tradução de Nuremberg: infamy on trial.

MATRIX. Direção: Joel Silver. Produção: Silver Pictures; Keanu Reeves; Laurence Fishburne. Música: Don Davis. C1999 Warner Bross. c2000 Home Vídeo – Brasil. 3 DVD (136 min.), son., color., legendado.

RÉQUIEM para um sonho. Direção: Darren Aronofsky. Produção: Eric Watson; Palmer West. Produção executiva: Nick Wechsler; Bean Flynn; Stefan Simchowitz. Direção de fotografia: Matthew Libatique. Música: Clint Mansell. c2002 Artisan Entertainment. 1 DVD (108 min.), son., color, legendado. Baseado no livro de Hubert Selby Jr. *Requiem for a dream*. Tradução de Requiem for a dream.

Compact Disc

VELOSO, C. A terceira margem do rio. In: *Circuladô*. São Paulo: Polygram, 1991, digital, stereo.

Referência legislativa

BRASIL. Código Penal Brasileiro. Modificado pela lei n. 7.209, de 11 de julho de 1984.

ONU. Declaração Universal dos Direitos Humanos, da Organização das Nações Unidas, de 10 de dezembro de 1948, p. 21-26. *Legislação sobre Direitos Humanos*. Compilação organizada para a Ltr. Editora, por H. B. Testar. São Paulo: Ltr, 1999.